CONTRAVENENO

CARLOS CUAUHTÉMOC SÁNCHEZ

CONTRAVENENO

Los planes de divorcio intoxican el alma.
Este libro es un antídoto.

DIAMANTE
Best Sellers de valores
para mentes jóvenes

ISBN 968-7277-36-X

Derechos reservados:

D.R. © Carlos Cuauhtémoc Sánchez. México, 2000.

D.R. © Ediciones Selectas Diamante, S.A. de C.V. México, 2000.

Mariano Escobedo No. 62, Col. Centro, Tlalnepantla Estado de México, C.P. 54000, Ciudad de México. Miembro núm. 2778 de la Cámara Nacional de la Industria Editorial Mexicana. Tels. y fax: (0155) 55-65-61-20 y 55-65-03-33 Lada sin costo: 01-800-888-9300 EU a México: (011-5255) 55-65-61-20 y 55-65-03-33 Resto del mundo: (0052-55) 55-65-61-20 y 55-65-03-33

Correo electrónico: info1@editorialdiamante.com

ventas@editorialdiamante.com

Diseño y formación: L.D.G. Leticia Domínguez C.

www.editorialdiamante.com

www.carloscuauhtemoc.com

IMPRESO EN MÉXICO / PRINTED IN MEXICO

CONTENIDO

1

EL GATO MUERTO

La carta misteriosa estuvo sobre la mesa de la cocina durante varios días. Al principio no podíamos evitar mirarla con desconfianza, pero después se fue perdiendo entre el resto de la correspondencia.

Una noche, mi esposo volvió a abrirla y me dijo:

—Tenemos que devolverla.

—Sí —respondí—. Estoy de acuerdo—, pero me da un poco de miedo.

—¿Por qué?

—Detesto las notas anónimas y más cuando vienen acompañadas de un cheque. Me hacen sentir como si estuviera tratando con la mafia.

César asintió.

—Por eso mismo debemos devolverla. Cuanto antes.

—¿Y si lo hacemos por correo?

—Puede ser. Aunque te confieso que he pensado mucho en la posibilidad de que esas personas necesiten ayuda *de verdad*.

—Sí —reconocí—, yo también he tenido esa inquietud.

Tomé la nota y volví a leerla.

Alguien estaba solicitando de forma urgente mis servicios como terapeuta familiar. El anónimo estaba engrapado a un cuantioso cheque en el que se me pagaba por adelantado el monto de una terapia que podía durar varios meses.

—Qué extraño —comenté—. El cheque es de una empresa. Además no es usual hacer un trabajo de consejería por encargo. Son los interesados quienes deben buscar la ayuda y pagar por ella.

Patricia, la hija de mi esposo, se había mantenido en silencio mientras comía su yogurt con granola. Era una mujer de veinticuatro años que se esforzaba sobremanera en lucir delgada.

—¿Puedo dar una opinión? —preguntó.

—Claro.

—El otro día vi el sobre y me llamó la atención. Leí la nota y me pareció curioso...

Se detuvo.

—¿Qué, hija? —preguntó César.

—La dirección que dan en esa nota y el nombre de las personas que necesitan ayuda.

—¿Las conoces?

—Puede ser...

—¿Quiénes son? —inquirí.

—No estoy segura, pero creo que él es un cantante. Al menos se llama igual, y varios datos coinciden. Según sé, acaba de divorciarse.

—¿Un cantante? ¿Y cómo sabes que acaba de..?

—Soy su admiradora.

César se puso de pie y tomó las llaves del coche.

—Enfrentemos el asunto y acabemos con esto de una vez.

Mi esposo condujo el automóvil sin decir palabra. Se veía preocupado. Llegamos al domicilio y nos estacionamos frente a la casa. Abrí la guantera del coche para guardar el sobre con el cheque. La cajuelita estaba llena.

—No me gusta que traigas esta enorme lata de gas lacrimógeno aquí —protesté—. Puede causar un accidente.

—Es un arma inofensiva —se defendió mi esposo—, y muy útil en estos tiempos.

Moví la cabeza. No tenía caso discutir sobre eso otra vez. Bajamos del auto y nos acercamos a la entrada con cautela. A juzgar por la basura acumulada y la escasa luz, parecía una mansión abandonada.

Cuando íbamos a tocar, nos dimos cuenta que la puerta estaba abierta. Mi esposo la empujó. De inmediato percibimos un tufo maloliente. Casi por instinto nos llevamos una mano a la nariz, pero no fue esa la única ni la mayor impresión de repulsa que recibimos. Fue la total oscuridad quebrantada sólo por el haz luminoso de una linterna que se movía detrás de la puerta.

—¿Quienes son ustedes? —preguntó alguien con voz débil.

La luz se detuvo en nuestras caras. Interpuse una mano para evitar ser deslumbrada. Distinguí dos cuerpos menudos como los de un par de niños escondiéndose.

—Soy la doctora Blanca Bermúdez.

—¿Vienes a dejarnos dinero?

—No… ¿Están sus papás?

—Váyanse de aquí.

—Queremos ayudarlos. Somos amigos.

En ese instante las dos personitas discreparon. Una insistió en expulsarnos de su territorio y la otra intentó confraternar.

—Ya oíste lo que dijeron: Son amigos.

—Quítate, tonta… hay que cerrar la puerta.

—Vienen a ayudarnos…

—Nadie puede…

En su forcejeo, la linterna cayó al suelo y se apagó; César la tomó. El silencio acompasado con la oscuridad se volvió amenazante.

Mi esposo encendió la linterna de nuevo. Pudimos descubrir

a dos niñas de parecido casi gemelar, con enormes ojos claros y gesto atemorizado.

—¿Por qué no hay luz? —cuestioné.

—Se fue desde ayer.

—¿Y por qué huele tan mal? ¿Están sus papás? Queremos hablar con ellos.

Los papeles se habían invertido. La linterna daba a su poseedor una clara jerarquía.

—Mi mamá está adentro... dormida.

—¿Desde cuándo?

—Desde la mañana. Duerme todo el día.

—¿Toma medicinas?

—Sí.

—Queremos hablar con ella, ¿puedes despertarla?

—No...

—¿Por qué?

La niña desconfiada impidió a su hermana seguir informando. Arrebató la linterna a mi esposo, la apagó y jaló a su melliza. No se atrevieron a cerrar la puerta, sólo corrieron hacia la oscuridad sin separarse una de la otra, como si lo único confiable que tuvieran para refugiarse fuera su mutua cercanía.

—¿Qué hacemos? —preguntó César—. Este lugar apesta.

—¿Por qué no buscas la caja de fusibles y revisas si puedes restablecer la luz?

Procedió de inmediato sin contestar.

Cuando volví la cabeza hacia el interior de la casa, descubrí el cuerpo erguido de un adulto a escasos metros frente a mí. Me sobresalté. Era una mujer de cabello largo, alumbrada paupérrimamente por la luz mortecina de una vela.

—¿Señora Fuentes? —pregunté.

—¿Quién es usted?

10

—Una divorciada —declaré.

—¿Perdón?

—Hace diez años me separé de mi primer marido —dije levantando la voz—. La ruptura me hizo mucho daño. También nuestros hijos sufrieron enormemente. Pero todos rehicimos nuestras vidas.

Olga Fuentes tardó en contestar. Se talló los ojos con una mano, sosteniendo la vela con la otra como si mirara a un espectro parado en el umbral de su puerta.

—¿Por qué vino aquí?

Era del todo impropio sacar el cheque de mi bolsa para devolvérselo. Obviamente, Olga no lo había enviado. Opté por argumentar lo más simple, con el riesgo de no sonar muy creíble.

—Patricia, la hija de mi segundo esposo me lo pidió. Ella sabe que ustedes necesitan apoyo.

—¿Su *hijastra* se lo pidió? —repitió como tratando de comprender y dando al sustantivo un énfasis de desprecio.

—Sí. Es admiradora de... ustedes.

—¡Aaah! —dijo enfureciéndose—. ¡Ya veo! Haga el favor de salir de aquí.

—Señora Fuentes, su exmarido es una figura pública. Hay quienes lo idolatran... y tratan de ayudar. No lo tome a mal.

—Todas las admiradoras de Fausto son unas prostitutas. ¡Lárguese!

—Espere...

La mujer desapareció en la penumbra. Al fondo de la estancia, las niñas agazapadas contemplaban la escena prendiendo y apagando la linterna.

Dudé unos segundos. Caminé hacia atrás, ¿valía la pena seguir arriesgándome?

—Señora Fuentes. Yo trabajo con personas divorciadas. Si sigue ciertos pasos, es posible reconquistar la dignidad y ser feliz otra vez. ¿Quiere intentarlo?

—¡Quiero que se vaya de esta casa! —me gritó—. Tengo un florero de cristal en la mano. Si no se va, voy a rompérselo en la cabeza.

Me convenció.

Cuando estaba dispuesta a dar media vuelta, César logró arreglar el fusible y las luces de la casa se encendieron. Ante mí se presentó el cuadro más contradictorio que jamás había visto: por un lado, muebles perfectos, piso de mármol recién pulido, vitrinas relucientes, cortinas prolijamente acomodadas y, por otro, dos niñas sucias, en la esquina de la estancia, varios metros atrás de una señora despeinada, cubierta con una camiseta mugrienta de algodón, sin sostén y sujetando un florero para arrojármelo.

Tardé en asimilar la escena. ¿Acaso, en su loca desesperación, se dedicaba a abrillantar la casa hasta dejarla como el suntuoso escenario de una sala de ópera, sin verse ella misma al espejo ni brindarles una mirada de piedad a sus aterradas hijas?

Hice un último intento:

—Olga... yo la comprendo... Historias de personas como usted y como yo, son contrarias a lo que *debería* de suceder, pero ocurren con demasiada frecuencia... Por desgracia hay pocas familias estables. Muchas personas hemos sufrido rupturas drásticas y pasamos por episodios de desconfianza, depresión e ira.

César llegó corriendo hasta mi lado. En unos segundos analizó la situación. Igual que yo, notó la discordancia entre el esplendor del mobiliario y el descuido de las personas; entre la asepsia extrema y el extraño hedor.

—Le presento a mi marido.

—Buenas noches, señora —dijo él con su habitual voz tranquila—. Por lo que veo, usted está desconcertada por nuestra presencia, pero entienda que no tenemos necesidad de estar aquí. Nuestra única intención es ayudar.

Olga Fuentes bajó la guardia despacio.

—¿Son consejeros matrimoniales?

—César es empresario —contesté—. Tiene restaurantes. Yo me dedico a dar orientación familiar. Aquí tiene mi tarjeta de presentación —se la di—, puede visitarme en mi consultorio.

—Mamá —nos interrumpió una de las niñas—. Están saliendo muchos animales por debajo de la estufa.

Olga dejó la pieza de cristal sobre la mesa y caminó hacia la cocina. Fuimos tras ella. El mal olor se incrementaba al entrar ahí. En efecto, unos insectos rastreros, pequeños como gusarapos y acorazados como escarabajos, entraban y salían del espacio que había entre el piso y el faldón de la cocina.

César se puso en cuclillas y echó un vistazo.

—Hay miles... Sería bueno jalar la estufa para ver de dónde vienen.

Olga Fuentes asintió. Mi esposo hizo la maniobra con dificultad. El cuadro que descubrió fue repugnante. Las niñas gritaron. Olga se tapó la boca conteniéndose para no vomitar. Un gato tieso, de pelo mojado y herrumbroso estaba siendo devorado por una plaga de coleópteros necrófilos y moscas.

—¿Qué es esto? —cuestioné, sabiendo bien lo que era.

—Yo lo sacaré —se comidió César—, sólo dígame dónde hay una escoba y un bote de basura.

Olga Nidia señaló la puerta del rincón.

—¿Es su mascota?

—No. Tal vez de algún vecino. De seguro Fausto golpeó a este animal y el pobre se metió a la casa por una ventana.

Me pareció una conclusión precaria.

Cesar le dio la vuelta con el palo de la escoba.

—Tiene un golpe en la oreja.

—¿Lo ven hijas? ¿Ven por qué les dije que no podemos confiar en su padre? Uno de estos días nos puede matar a alguna de nosotras.

—No diga eso, Olga —sugerí—. Son conjeturas muy peligrosas.

—Señora —comentó mi esposo—, ese gato tiene al menos una semana de muerto ¿usted no se dio cuenta? Toda la casa huele mal.

—¿Qué día es hoy?

—Domingo.

—Domingo... —repitió como haciendo cuentas—, hace ocho días que no salimos.

¿De modo que el cuerpo del animal se descompuso gradualmente mientras ellas se acostumbraban al mal olor en su largo enclaustramiento?

—Cuando me siento bien, limpio los pisos y alimento a mis hijas... luego me duermo un rato. Últimamente he dormido mucho.

Moví la cabeza sin acabar de creer. La pestilencia de ese lugar iba más allá de los parámetros materiales...

2

EL CANTANTE

César comenzó la desagradable tarea de sacar el cuerpo fétido. Las niñas miraban aterradas.

Recordé a una de mis pacientes que fue abandonada por su novio seis días antes de la boda. Ella se llenó de amargura cuando su prometido huyó. La conocí varios años después. Le pregunté por qué nunca había vuelto a enamorarse de otro hombre y me contestó con una frase muy gráfica: "porque me estoy pudriendo por dentro". Eso mismo le estaba pasando a esa casa y a quienes vivían en ella.

—¿Usted necesita ayuda —le dije a Olga Nidia.

—¿Para qué?

—El divorciado pierde su familia, su historia y su identidad. A la carga emocional se suma la social. Usted puede salir sola del escollo, pero es mucho más fácil si cuenta con asesoría profesional.

La mujer me miró fijamente. Agachó la cabeza y reparó en su pésima indumentaria, quizá por primera vez en ocho días. César continuaba haciéndose cargo de los restos del animal, seguido de las mellizas que habían trocado su horror en asqueada curiosidad.

Todos saltamos al escuchar la voz de un hombre situado a nuestras espaldas.

—¿Qué está pasando aquí? ¿Hay fiesta?

—¡Papá! —gritó una de las niñas—. Encontramos un gato muerto. Mira, ven. ¡Mamá dijo que tú lo mataste!

El hombre se quedó estupefacto. Estábamos, al fin, frente al famoso artista que cantaba canciones de amor y hacía soñar a mujeres como Patricia.

Abrió las ventanas de par en par y después caminó a grandes pasos hacia su exesposa para tomarla de un brazo.

—¡Acabo de enterarme! —le dijo a gritos—. Vengo de la disquera. ¡Ya me dijeron tu chistecito! ¿Crees que vas a poder destruirme? Antes te mato ¿me oyes?

—¡Es verdad! —gritó una de las niñas—. ¡Tú mataste a este gato! Mamá nos lo dijo. Y tiene razón. Nos quieres matar a nosotras también.

El hombre jaloneó a la mujer.

—¿Les dijiste eso a las niñas? ¿Y por qué no les dices lo que me has hecho a mí? ¿Por qué no les hablas de todas tus porquerías? —zarandeó un disco de video frente a la nariz de su exesposa —. ¿Ya les platicaste de esto?

—Tú me obligaste a hacerlo —gritó Olga con voz aguda—. Te llevaste a Román.

—Sabes bien dónde está el niño. No me lo llevé. ¿Por qué no has ido a verlo? ¿No tienes tiempo para *eso*, pero sí para *esto*? —agregó untándole una vez más el disco de video en el rostro.

Olga tomó al sujeto por los cabellos. Forcejearon unos segundos arrastrando la mesa y volcando el bote de basura. El gato muerto salió del contenedor. Olga lo abofeteó y él la derribó cayendo sobre ella. Ya en el piso, la levantó para azotarle la cabeza contra el cemento. Ni César ni yo pudimos hacer nada. El golpe en el cráneo se oyó fuerte y seco.

Un doloroso gemido precedió al desvanecimiento de la mujer. Los insectos necrófilos circularon de nuevo, esta vez ocultándose bajo su cuerpo inerte.

Fausto contempló a Olga Nidia, asustado.

Hubo unos segundos de silencio.

El cantante se incorporó llevándose las manos a la cara y murmuró frases de autorrecriminación:

—¿Qué hice? Esto es una locura. ¿Cómo llegué hasta aquí?

Las gemelas, llorando, abrazaron a su madre, desmayada.

César, sin pedir permiso, tomó el teléfono de la cocina y llamó a la Cruz Roja.

Antes de que llegara la ambulancia, el cantante ya se había esfumado.

Los paramédicos no perdieron tiempo. Subieron a Olga Nidia a una camilla y se la llevaron.

Paradójicamente, mi esposo y yo nos quedamos como únicos custodios de las dos niñas. Les preguntamos si tenían algún pariente cercano y la más avispada se controló para hacer una llamada.

Cerca de treinta minutos después, llegó por ellas un lujoso automóvil europeo. Le explicamos al chofer cuanto había sucedido en esa casa y el hombre se limitó a decirnos que informaría todo a la tía de las gemelas. Cuando se fue con ellas, César y yo permanecimos de pie, a media calle, incrédulos y ofuscados.

Después de unos minutos regresamos a cerrar la casa lo mejor que pudimos.

Durante varias noches no dormí bien. Las grotescas escenas de la riña me persiguieron como una película de terror.

Cierta mañana, cuando estaba dando terapia emocional a un joven con problemas alimentarios, mi asistente me interrumpió.

—Está aquí la señora Olga Nidia Fuentes. Dice que necesita hablar con usted urgentemente.

—Vea si puede esperarme quince minutos.

—De acuerdo.

El chico bulímico se mostró turbado.

—Yo puedo salirme, si quiere.

—No hijo —le dije—, terminaremos nuestra sesión.

Eran cada vez más frecuentes los casos de anorexia o bulimia en hombres. Las formas esqueléticas tan promovidas por televisión como los únicos parámetros de belleza aceptables en nuestros días, estaban causando estragos sociales inmensurables.

Cuando el chico salió de mi despacho llamé a la secretaria.

—Dígale a la señora Fuentes que pase.

—Sí, doctora. Pero le recuerdo que ya llegó también su próximo paciente.

—¿Tengo algún horario disponible para atender a la señora mañana con calma?

—No. Lo siento. La agenda está llena.

Olga Nidia Fuentes apareció frente a mí con paso trémulo.

Las circunstancias habían cambiado desde la última vez que nos vimos. Ahora estaba en mis terrenos. Había un diagrama enorme del cerebro humano detrás de mí y ella ya no contaba con el florero de cristal para usarlo como proyectil.

—Tome asiento —le dije—. ¿Cómo está?

—Mal. Muy mal.

—¿Por el traumatismo craneal que sufrió?

—No. De eso me repuse. Fausto sabe lastimarme sin que me queden huellas físicas.

—¿Cómo?

—Me ha golpeado.

—Continúe.

—En el hospital me dijeron que necesitaba terapia emocional.

—De acuerdo.

—Usted es terapeuta. ¿Puedo preguntarle algo? ¿Por qué fue a mi casa la otra noche? ¿Quién la mandó?

Estuve tentada a buscar el sobre misterioso y mostrárselo, pero me contuve. Si ella sospechaba que alguien más la consideraba necesitada de recibir auxilio, quizá pondría barreras de inmediato.

—Ya se lo dije —respondí—. Su exesposo es una figura pública y algunas personas deseamos ayudarlos…

—¿Y por qué no lo ayudan a él? Yo no estoy loca. Sólo deprimida.

—Para salir de la depresión, a los hombres les beneficia mucho oír testimonios de otras personas que han superado sus crisis, mientras que a las mujeres les es más útil hablar y desahogarse.

—¿Y puedo desahogarme con usted? De eso se trata ¿no?

—Si. Aunque el proceso puede ser largo.

—¿Eso me ayudará?

—Sí. La psicología no tiene soluciones mágicas ni inmediatas. Si usted quiere podríamos comenzar en unas dos semanas.

—¿Cómo? ¡Imposible! Yo no puedo esperar dos semanas para iniciar un tratamiento que tal vez dure dos años. Necesito algo más fuerte. Más práctico. Más determinante. Usted es la doctora Blanca Bermúdez ¿no? —asentí—. Estaba viendo en la recepción una propaganda en la que se anuncian seminarios impartidos por usted. ¿Acaso les pide a los asistentes de esas conferencias que le cuenten su vida para poder ayudarlos? No ¿verdad? ¡Lo que hace es enfocarse en una problemática y explicar las soluciones de forma general! Eso es lo que yo necesito.

—A ver si entiendo. ¿Usted quiere que yo le dé una charla privada para sugerirle respuestas a preguntas que desconozco?

—Más o menos.

—La recepcionista le puede informar sobre los seminarios generales. Inscríbase en uno de ellos y asista cuando lo desee.

—No —declaró—; estoy sola y desesperada. Si no me ayuda voy a cometer una tontería...

—Lo que usted decida hacer, será su responsabilidad. No de Fausto ni de sus hijos y por supuesto no mía.

—Por favor...

Se veía físicamente repuesta y con la moral abatida.

Recordé la fetidez de su reluciente mansión e imaginé que la analogía era perfecta para calificarla a ella.

—Sus hijas me dijeron que usted toma medicamentos.

—Pastillas para el insomnio... Sólo las uso cuando no puedo dormir bien.

—A ver —le dije—. Mañana mi última cita es a las ocho de la noche. Termino como a las nueve. Venga a esa hora y charlaremos. Necesito saber su historia. Para poder evaluar las posibilidades de tratamiento, usted deberá hablar primero. ¡Ah!, y otra cosa. Necesito que se deshaga de todas sus pastillas para dormir y no compre más.

Asintió.

3

CHAT Y PORNOGRAFÍA EN CASA

Al día siguiente, Olga Nidia llegó puntual.

Yo estaba muy cansada, pero la recibí en mi despacho y la invité a sentarse.

Comenzó un inútil ejercicio de hablar cosas nimias. Le tomó más de treinta minutos concentrarse. Cuando pensé que jamás lo lograría, cerró los ojos y susurró sus primeras frases de verdadera catarsis.

Después, las ideas se le vinieron a la mente con asombrosa fluidez.

Fausto, pasaba el día frente a la computadora, con una guitarra a su lado derecho, una taza de café al izquierdo y un cigarrillo en su boca. Yo trabajaba en una empresa de publicidad. Llegaba a casa como a las seis, preparaba algo de comer y solía llevarle un plato a él. A veces, ni me saludaba. Comía sin apartar la vista del monitor. Aunque se creía un erudito, le gustaba ver pornografía por Internet. También traía películas a la casa.

Una tarde, en cuanto me oyó llegar, salió a recibirme. Me tomó de la mano y me jaló a su estudio. Tenía dos sillas preparadas.

—Ven —dijo invitándome a sentarme—, mira esto. Es un juego.

Observé con curiosidad. En la pantalla de la computadora había frases escritas por un misterioso interlocutor. Cuando los mensajes aparecían letra por letra, Fausto los leía entusiasmado y escribía la respuesta de inmediato.

—Es una charla privada —me informó—. Primero la conocí a ella en un chat público, después invitó a su esposo, y creamos nuestra propia sala para que nadie se entrometiera. A veces habla él y a veces ella. Es interesante. Juegan fuerte.

—¿Juegan... fuerte? ¿A qué juegan?

—Al sexo virtual. Faltabas tú para completar las parejas. ¿Qué puede pasar? Ellos no saben quienes somos ni dónde estamos. Tampoco pueden averiguarlo. De la misma forma, es imposible para nosotros saber quienes son ellos. Así que todo lo que digamos en la pantalla, se quedará ahí. Ven. Escríbeles algo. Ponte un seudónimo.

—Déjame ver primero.

Fausto escribió y su sobrenombre apareció.

> *ERÓTICO: ¿Qué creen? Acaba de llegar mi esposa. Está un poco cohibida, pero quiere participar. ¿Por qué no se presentan?*
> *VOLUPTUOSA: Qué bueno que llegaste. Nos hacías falta. Esta es una charla de parejas. Bienvenida.*
> *CARNAL: Hola. ¿Cómo te llamas?*

—¡Vaya nombrecitos! —comenté.

—No protestes. Contesta rápido. ¿Cómo te quieres llamar?

Fausto estaba de verdad excitado. Le propuse un sobrenombre. Me dio de alta en su "sala" y armándome de valor escribí:

> *ATREVIDA: Mi nombre verdadero es un secreto, pero quienes me conocen me llaman atrevida.*
> *CARNAL: ¿Y lo eres?*
> *ATREVIDA: No te imaginas cuánto.*
> *CARNAL: ¿Te atreverías a quitarte el sostén, ahora?*
> *ATREVIDA: ¿Para qué?*
> *CARNAL: Te voy a acariciar (en forma imaginaria, claro ja ja ja.)*

—¿Y esto?

—¡Nada! Es un juego. Contéstale.

> *ATREVIDA: ¿y por qué no acaricias a tu esposa?*
> *CARNAL: porque eso es aburrido... Aunque ERÓTICO me dijo,*
hace un rato, que a él le gustaría hacerlo.
> *VOLUPTUOSA: No seas mojigata, ATREVIDA. Mira, yo ya me*
quité el sostén. No lo aguantaba más. Los elásticos me dejaron
una marca. Mis senos son muy grandes. Déjame estar un rato a
solas con tu marido. Después te dejaré con el mío.

—No me gusta este juego —comenté sin poder evitar que las manos me temblaran. Fausto me arrebató el tablero y comenzó a escribir con las pupilas dilatadas.

> *ERÓTICO: Aquí estoy. Descríbeme cómo eres y qué estás ha-*
ciendo.
> *VOLUPTUOSA: soy una mujer alta y delgada, tengo caderas*
prominentes y pechos suaves. Uso ropa interior muy sensual, pero
a estas horas ya no la soporto. Espérame un momento ....
...
...
...acabo de desnudarme por completo. Estoy sentada en posición
de "flor de loto" y respiro relajadamente. ¿Tú como te sientes?
> *ERÓTICO: ¡Bien! Puedo imaginarme tal y como eres... yo tam-*
bién voy a quitarme la ropa para ponerme en la misma posición.

Observé, asombrada, el desarrollo de la conversación entre mi esposo y la desconocida. Aunque las frases sexuales fueron cada vez más explícitas y Fausto aseguraba a su ciberinterlocutora estar efectuando algunas maniobras lúbricas, en realidad no hizo más que aporrear el teclado y soltar esporádicas risitas de emoción. Al fin llegó mi turno. El hombre del otro lado de la línea me pidió que apareciera. Estuve tentada a desertar, pero a esas alturas me hallaba atrapada en la magia de poder conversar con otras personas sin tapujos, sin protocolos, sin rostros visibles ni palabras audibles. Era como si la computadora se convirtiera en un puente que ayudara a los individuos a ligar sus sentimientos y perversiones, saltándose todos los filtros sociales.

> *CARNAL: tu marido ha dejado a mi esposa muy cansada.*
> *ATREVIDA: Nunca creí que se pudiera algo así con la computadora...*
> *CARNAL: ¿verdad que es increíble? Pero deja de filosofar. ¿Estás vestida?*
> *ATREVIDA: sí.*
> *CARNAL: pues voy a ayudarte a desvestirte. Imagina que estoy detrás de ti, que te toco suavemente el cuello y te beso despacio. Imagina como mis manos bajan despacio, voy a quitarte la blusa...*

El juego continuó por casi una hora. Yo enviaba frases y el hombre me contestaba. Ella escribía, y mi esposo tomaba el teclado. Los cuatro participamos en un intercambio virtual de parejas. Al terminar la sesión, estaba ardiendo por dentro. Me sentía excitada como pocas veces. Fausto y yo hicimos el amor casi eufóricamente. Fue una experiencia explosiva para ambos, pero con un ligero atenuante: yo no pensaba en él sino en el hombre mitad imaginario, mitad real, a quien me había entregado minutos atrás. Fausto, por supuesto, tampoco pensaba en mí.

Varias noches repetimos el juego. Comencé a sentir que algo se descomponía en mi interior. Un día se lo dije a él:

—¿Sabes? No vale la pena que sigamos haciendo este tipo de cosas con la computadora, ni que veamos tanta pornografía.

—¿Por qué? ¿No lo disfrutas?

—Sí. Por eso... porque cada vez lo disfruto más.

—¡Pues de eso se trata! Son sólo fantasías.

—Pero esas fantasías me persiguen y me hacen serte infiel con la mente...

—¿Cómo?

—Sí, sí. Dicen que los hombres pueden tener orgasmos sin involucrar su parte afectiva mientras que las mujeres necesitamos un proceso de seducción y relajamiento psicológico para tener uno. Eso dicen y es verdad, pero hay algo que también lo es: Conforme pasan los años, las mujeres nos hacemos más como los hombres... Una señora con quince años de matrimonio, a un ritmo promedio de dos relaciones íntimas por semana, haz la cuenta, ha hecho el amor más de mil cuatrocientos veces. Conoce a la perfección el cuerpo de un hombre y puede sentir curiosidad por conocer el de otros. Yo jamás había mirado hacia los pantalones de los hombres que pasan cerca de mí. Ahora lo estoy haciendo. Y es lógico. Con más de un millar de encuentros, las mujeres maduras *sabemos* muy bien lo que es el sexo, también nos excitamos con la pornografía y podemos imaginar desnudos a los varones y agradarnos en ello.

Se enojó por lo que le dije. Creo que uno de mis mayores defectos ha sido siempre hablar de más. Mi esposo dejó de ver películas pornográficas conmigo, pero las veía a escondidas. Seguía usando el Internet. Solo. Cada vez componía menos música y "chateaba" más... También comenzó a salir por las noches aunque no tuviera conciertos. Imagino que se iba a un *table dance* porque a veces llegaba muy excitado en la madrugada y, sin importar que yo estuviera dormida, disponía de mi cuerpo. Nada me hacía sentir más denigrada. Iba al baño para limpiarme sus exudaciones y cuando regresaba, trataba de platicar un poco, saludarlo al menos, pero él ya se había dormido...

Como mi jefe era experto en computadoras, un día le pregunté como podía saber cuando una persona se comunicaba con otra por Internet.

—¿El sistema guarda algún tipo de registro? —pregunté.

—Sí, por supuesto. Tanto en los correos electrónicos como en las páginas visitadas. El historial puede ser borrado por el usuario, pero si tu esposo no es cuidadoso, seguramente conserva respaldos automáticos.

Me dio los pasos para averiguarlo.

Aquella noche esperé a que Fausto se fuera, encendí su PC y busqué en los índices. Hallé su correspondencia privada con una mujer apodada "Dulcinea". Ambos hablaban de cuestiones muy íntimas. Eran prácticamente amantes con un largo historial de *e-mails*. Me dolió mucho leer cuanto se escribían. Sobre todo porque descubrí la enorme capacidad que tenía Fausto de hablar tiernamente y expresar sus sentimientos. Una capacidad que jamás manifestó conmigo.

Se lo compartí a mi jefe al día siguiente.

—Lo peligroso de estas relaciones —me dijo—, es que las personas llegan a intimar tanto que en poco tiempo terminan dándose sus números telefónicos. Así, de las conversaciones por computadora, pasan a las charlas directas y eso siempre desemboca en una cita.

—Ya me imagino lo que pasa en esa cita.

Mi jefe asintió. Lo miré y sentí ganas de llorar. Era un hombre bueno, de alta moral, casado, con dos hijos, de cuarenta años y una vida equilibrada. Le encantaba su familia y su profesión... No podía dejar de tenerle cierta envidia a su esposa.

—Siento mucho coraje, Marcelo —le dije—. ¿Todos los hombres son iguales?

Negó con la cabeza y me dio un pañuelo de papel.

A partir de ese día comencé a pasar más tiempo en la oficina; mi convivencia con Marcelo se hizo cercana. Aunque pasó por mi mente la idea de pagarle a Fausto con la misma moneda, la deseché casi de inmediato. Mi jefe era todo un caballero. En cierta ocasión, tuvo que ausentarse por varios días y yo sentí que me hacía falta. En realidad, la oficina no era igual cuando él viajaba... llamó de larga distancia por teléfono, le informé sobre los pormenores del trabajo y al despedirse, le dije que lo extrañaba mucho. Él tosió y dijo algo así como "tú también me haces falta".

Cuando regresó, nuestra relación cambió. En medio de mucha gente cualquiera de los dos podía interpretar lo que el otro pensaba con tan solo una mirada. Esa afinidad era sana y bella, por eso yo le ayudaba cada vez más de cerca. Las semanas siguientes charlamos de temas íntimos. Le compartí cómo mis hijos estaban creciendo solos, pues su padre no se interesaba en ellos; también le confié las extrañas costumbres sexuales de Fausto.

Marcelo me escuchó con atención y me ofreció modificar mi horario de trabajo para que pudiera salir más temprano.

—Así convivirás con tu familia —me dijo.

—Gracias —contesté sorprendida por su calidad humana—, pero no. Voy a controlar las cosas en mi casa sin descuidar el trabajo.

—¿No deberías formular la frase al revés? —insistió—, ¿controlar los asuntos del trabajo sin descuidar a tu familia?

Le tomé la mano en un gesto de profunda gratitud.

—De acuerdo. Aceptaré tu oferta en cuanto terminemos el proyecto internacional que acaba de llegar.

—Trato hecho.

4

MASAJE EN LA OFICINA

A partir de ese día, Marcelo y yo comenzamos a comer juntos. Cuando nuestros cuerpos se tocaban, ninguno de los dos se apartaba; era natural, familiar, un contacto de amigos. Me volví más productiva. Quería impresionarlo, y él aprovechaba toda oportunidad para elogiarme.

Un día, trabajamos hasta tarde. Entré a su oficina y lo descubrí apretándose la cabeza para atenuar una fuerte jaqueca.

—¿Te sientes bien? —pregunté.

—Más o menos.

Caminé hasta su espalda y comencé a darle un masaje en los hombros. Cerró los ojos como satisfecho por la sensación.

—Gracias —comentó después tomando mis manos y besándolas.

Le acaricié una mejilla y giró su silla para quedar frente a mí. Yo estaba de pie y él sentado, así que mis pechos quedaron expuestos a la altura de su rostro. Lo abracé y ambos permitimos que su cabeza se hundiera en mi regazo con la confianza de dos viejos amantes.

Comprendí entonces porqué son tan comunes los amoríos ilícitos en las oficinas. Todos los hombres tienen asistentes, colegas mujeres y compañeras. A veces una se vuelve afectuosa con ellos y ellos con una, sin que eso signifique nada, pero otras veces, el excesivo roce va dando cabida a un cariño creciente.

—De... de... debemos de... detener esto Olga —dijo él tartamudeando.

Salí de su oficina y regresé a mi despacho. Yo era la encargada de los detalles finales del proyecto multinacional, así que llamé a casa para indicar a mis hijos que llegaría tarde. Ignoro si quedaba algún compañero más en las oficinas cuando él entró a la mía.

—Debes irte a descansar —insistió.

—Me falta poco. Vete tú. Yo me encargaré de cerrar.

Marcelo me miró notando el acento de nerviosismo en mi frase.

—Olga. Está pasando algo entre nosotros que no es correcto.

—¿A qué te refieres? —me mostré agraviada—. Somos amigos y siempre seremos *sólo* eso.

Él asintió.

—Está bien. ¿Qué te falta? Terminemos este asunto rápido.

Trabajamos juntos de forma coordinada, pero la sensación de cercanía fue llenando el ambiente de una tensión impredecible, como si las partículas químicas de nuestros géneros hubiesen lanzado al aire sus anzuelos deshonrosos.

Hoy comprendo que existen dos tipos de infidelidad: la que se da en aventuras sexuales rápidas, con personas casi desconocidas dispuestas a un encuentro erótico furtivo y la que se da lentamente, involucrando intimidad emocional e ideas privadas con alguien por quien sentimos cariño. Ambas modalidades son malas pero la primera, que obedece a la promiscuidad, pone en peligro el matrimonio, mientras la segunda, originada por la ingenuidad, lo destruye.

Demasiado tarde me he dado cuenta que abrirle el corazón siendo casado, a un amigo del sexo opuesto es una falta de prudencia imperdonable. Platicar temas íntimos o tener contacto físico continuo, desencadena fácilmente otros hechos... Con más de un millar de relaciones sexuales previas de ambas personas con sus respectivas parejas, el camino que separa un roce corporal, de un posible encuentro erótico, es muy corto.

—¿Te gustó el masaje que te di en tu oficina?

—Sí.

—¿Podrías devolverme el favor?

Suspiró y permaneció quieto por un largo rato. Luego, se puso de pie y caminó hasta mí. El corazón había comenzado a palpitarme de forma acelerada. Se colocó en la misma posición en la que yo lo hice para frotarlo a él. Comenzó a sobarme el cuello, pero mi rigidez muscular se incrementó. El contacto de sus manos en mi piel, me erizaba. Ladeé la cabeza atrapándolo y acaricié el dorso de su mano con mi mejilla. Acercó su cara a la mía y me habló al oído. El soplo suave de su voz penetró por mi canal auricular estremeciéndome como si hubiese recibido una descarga eléctrica. No recuerdo qué susurró, pero me remolineé y quedé expuesta a sus caricias. Se separó un momento como asustado. Tomé sus manos y las coloqué sobre mí. Ante el cadencioso movimiento de sus dedos sentí despertar una excitación similar a la que tuve con mi esposo en aquel intercambio virtual de parejas. Esta vez, era yo quien estaba sentada y él de pie. Giré mi silla y lo encontré de frente. Dio un paso en medio de mis piernas para acercarse más. Entonces se agachó y nos besamos.

Aquella noche, Marcelo y yo nos desnudamos parcialmente, pero logramos detenernos a tiempo. Nos miramos sin cubrir nuestra piel desarropada, incrédulos de cuanto estaba pasando. Ninguno de nosotros le había sido infiel a su cónyuge antes, y algo nos impedía serlo por primera ocasión. Era muy tentador continuar lo que habíamos empezado "sólo por esta vez", acceder a un "debut y despedida", a un "hagámoslo hoy y prometamos no reincidir jamás", sin embargo, sacamos fuerzas de flaqueza y nos vestimos. Salí corriendo de ahí y subí a mi auto. Cuando llegué a casa, mi excitación se había trocado en culpa. Fausto no estaba, pero abracé a mis hijos dormidos y les pedí perdón.

Al día siguiente, Marcelo también me confesó haberse sentido muy apesadumbrado. Concordamos que no volveríamos a tocarnos y que, por supuesto, que evitaríamos a toda costa estar solos. Fueron dos semanas de trato distante, fingiendo a cada momento que nada había ocurrido, pero poco a poco comenzamos a coquetear de nuevo. Sentíamos gran afecto el uno por el otro y nos resultaba incómoda la indiferencia. Además, había un factor que elevaba al máximo nuestros niveles de adrenalina: La esposa de Marcelo visitaba las oficinas de vez en cuando; era muy amiga de los dueños de la empresa y cuando ella andaba por ahí, él y yo ni siquiera nos dirigíamos la palabra. Una mañana, en plena jornada laboral, entré a su privado, cerramos la puerta y, sin hablar, volvimos a tocarnos. No hubo besos, sólo abrazos y caricias. Fue una experiencia enloquecedora. Nos separamos otra vez a tiempo. Al día siguiente presenté mi renuncia. Marcelo no la aceptó. Pusimos nuevas barreras en nuestro trato y recomenzamos el proceso. Era un círculo vicioso: primero, caíamos en el juego sexual; segundo, nos separábamos llenos de remordimiento; tercero, prometíamos enmendarnos para siempre; cuarto, el trato amistoso nos iba atrayendo de nuevo y quinto, volvíamos a caer. El único problema es que en cada caída avanzábamos un poco más y nos era más difícil parar. Al final, pasó lo inevitable: Tuvimos relaciones sexuales completas.

Yo estaba muy confundida, como si mi corazón se hubiese rasgado en dos partes. Entonces caí en depresión; estaba distraída y apocada; perdí parte de mi seguridad y energía, por haberme hecho consciente de una degradación repentina a la que nunca creí llegar.

Abrazando a mi marido una noche se me salieron las lágrimas. Le dije que lo amaba, y enternecido, tomó asiento en la cama para encender la luz.

—¿Qué te ocurre, Olga? Ya no eres la misma.

—Tengo miedo —le confié—. Siento que nuestro matrimonio se está yendo a pique.

Agachó la cabeza sin responder. Estaba de acuerdo. Pocas veces vi a Fausto tan preocupado, como si coincidiera conmigo y un chispazo de luz nos hubiera hecho mirar cuan cerca nos encontrábamos del abismo.

Olga Nidia interrumpió su relato y miró el reloj. Eran más de las diez de la noche.

—Ya se imagina lo que pasó después —comentó con intenciones de obviar el final de la historia—. Toda mi vida es un caos.

—Siga asistiendo a las terapias —sugerí.

—¿Para qué? ¿Hablar podrá ayudarme?

—Sí. Al primer ejercicio de rehabilitación después de una ruptura le llamo "hacer la autopsia".

Olga Nidia Fuentes se detuvo como cavilando en los escasos rendimientos que hasta entonces le había producido el descargar su conciencia frente a mí.

—¡Usted ayuda a los divorciados! Deme la clave para salir de mi problema ¡ya!

No pude evitar una sonrisa, tanto por calibrar la improcedencia de su premura, cuanto por vislumbrar en ella al tipo de personas que leen libros, escuchan charlas o acuden a consejeros, buscando que alguien ajeno les resuelva sus problemas. ¿Cómo explicarle a Nidia que los conceptos de un conferencista sólo le sirven al oyente si los lleva a su contexto de vida para deducir sus propias ideas originales? ¿Cómo decirle que las terapias de recuperación, después de una ruptura, toman mucho más tiempo del que ella parecía dispuesta a invertir?

—A ver —lo intenté—: El punto número uno de la "receta" es que "no hay recetas". Las fracturas familiares crean acertijos diferentes en cada caso y tienen soluciones únicas.

—Pero usted acaba de decir que hay un método. ¿En qué consiste?

Dudé unos segundos.

—Olga, no se trata de grageas, ni de inyecciones mágicas, sino de *gimnasias*, ¿entiendes? Algunas serán dolorosas y le exigirán una elasticidad que ha perdido. Como ya lo comenté, la práctica inicial se denomina "hacer la autopsia".

—¿Y quién se murió?

—Usted dígamelo...

—Todos estamos vivos, pero... es verdad, siento un dolor como de duelo.

—Exacto. En medio de dos personas que se quieren, se forma una nueva entidad: *la relación*. Este ser *cobra vida*; nace, necesita alimentarse, crece, madura y puede enfermar o morir. El divorcio es un proceso largo en el cual ambos cónyuges presencian la agonía de su relación. Cuando ésta muere, sufren un luto confuso... Conocer las causas del deceso, es el primer paso para comenzar a asimilar la pérdida. En los funerales, todos preguntan discretamente qué ocurrió, ¿cómo murió la persona? Después de una ruptura, el primer paso es reconocer que había alguien vivo, poner el cadáver al frente y abrirlo para analizar con detalle las causas de su fallecimiento.

Apretó los dientes y musitó:

—Yo maté la relación...

—Fausto y usted la mataron juntos. Siempre es así. Dos o más personas la conciben, y dos o más la dejan enfermar y la descuidan hasta que muere. Hace poco conocí a una pareja con problemas económicos. A él le ofrecieron un buen trabajo en otra ciudad;

si aceptaba la oferta, se realizaría profesionalmente, su hijo podría sufragar los gastos de una escuela privada con amistades elitistas y su esposa lograría tranquilidad. En suma, *a todos* les convenía por separado, pero se olvidaron de alguien *vivo*, a quien no le convenía el cambio: la relación. Cada uno pensó sólo en sí mismo. El marido aceptó el trabajo. Con el paso del tiempo, él y ella dejaron de necesitarse, dejaron de compartir la vida, cayeron en adulterio y cuando repararon en el error, la relación ya agonizaba...

Olga Nidia parecía consternada. Analicé la extraña situación y me sentí parte del absurdo escenario de un teatro guiñol. El ambiente era inconcebible: la mujer se hallaba, al fin, dispuesta a trabajar en su rehabilitación y yo estaba ahí, involucrada cada vez más en ese cometido, impuesto por un cuantioso cheque anónimo que no pensaba cobrar, pero que tampoco tenía a quién devolver.

—Lo mismo nos pasó a nosotros —confesó—. Estoy llena de odio, miedo y dolor. No tiene idea de la forma en que Fausto y yo matamos nuestra relación...

Suspiré.

—Olga —le dije—, vaya a descansar. Se sorprenderá de lo positivo que es haber comenzado su catarsis. Hoy dormirá mejor. Cuando esté sola oblíguese a razonar como lo hizo al evaluar la forma en que se da la atracción ilícita entre adultos. Así realizará la autopsia.

Inhaló hondo. Luego asintió.

—¿Cuándo continuaremos?

—Pasado mañana. A la misma hora.

5

FESTIVAL ACAPULCO

Olga Nidia llegó puntual a mi oficina.

—He estado analizando con cuidado cada detalle del pasado —me dijo—, y hallé cosas muy dolorosas.

—¿Cuáles?

Retomó su relato.

Fausto me dijo un día:

—El nuevo baterista de la banda es creyente —sonrió—. Todos le hacemos burla. Está medio loco, pero me ha invitado a participar en un grupo de estudio bíblico. Es sólo una vez por semana. Dice que podría ayudarnos. ¿Aceptarías ir?

—Sí... claro. Lo que sea. Cuentas conmigo.

Mi marido y yo acudimos a la reunión cuatro veces. En la tercera me quebranté y no paré de llorar. Me sentía indigna del amor de Dios, indigna de tener tres hijos y un esposo a quienes había burlado. Fausto se mostraba más escéptico e inexpresivo, pero ahora comprendo que también tenía su propia lucha interna.

Pedí un permiso temporal en el trabajo y dejé de ver a Marcelo.

Se avecinaba el festival Acapulco, y Fausto había sido invitado como artista especial. Teníamos quince años de no viajar solos, así que cuando me pidió acompañarlo, acepté de inmediato. Apenas llegamos al aeropuerto, rentamos un auto. Él parecía contento y entusiasmado.

—Tendremos dos tardes libres —dijo mientras manejaba hacia el hotel—. Voy a llevarte a los mejores lugares. Nos divertiremos como nunca. Además —agregó emitiendo una risita traviesa—, supe que hay una playa nudista cerca. Será muy interesante conocerla, ¿no crees?

—No —dije de inmediato—. Conmigo no cuentes.

—¿Por qué? ¡Somos casados! Podemos conocer juntos el mundo entero. ¿Qué hay de malo en ir a una playa nudista?

La combinación absurda de arrepentimiento por mi mala conducta y el deseo de asirme a una figura de bondad, me hizo proferir un argumento inadecuado:

—Hay mucho de malo. Para empezar, eso no le agrada a Dios.

—¿A Dios? —se asombró.

—Fausto ¿no aprendiste nada en las reuniones del grupo al que me llevaste? Dios nos va a juzgar. Si seguimos actuando de esa forma acabaremos en el infierno.

Mi marido soltó una carcajada.

—Será muy divertido. ¿Te imaginas? ¡Estaremos rodeados de amigos!

—No juegues con eso. Dios hizo el matrimonio para que hombre y mujer se disfrutaran a solas y no para que vieran pornografía y se excitaran con otros cuerpos.

—¿Hablas en serio?

—Claro. ¡No contradigas los preceptos de la Biblia!

Esta vez mi advertencia no le causó gracia. Apretó el volante y aceleró para rebasar en curva. Casi nos estrellamos de frente con un autobús. Llegamos al hotel, nos registramos, entramos a la habitación. Luego tomó su computadora portátil y buscó el eliminador de baterías. No lo encontró. La encendió de todas formas.

—¿Qué te pasa? ¿Por qué estás tan enojado?

—Déjame en paz —respondió con la vista fija en el monitor de plasma.

—¿Te molestó lo que te dije? ¿Entonces para qué me invitaste al grupo de estudio?

—Eres tan estúpida...

—¡He reconocido mis errores y estoy tratando de cambiar, pero tú pareces cada vez más corrupto!

—¡Desdichada! ¡Desaparécete de mi vista!

Tomé mis cosas y salí del cuarto. Al llegar al recibidor del hotel, me senté en un sillón, indecisa. Entonces comprendí no sólo que había cometido un grave error al investirme de esa falsa autoridad moral, sino que, frente a mi marido, era en efecto una desdichada: Fui infiel con toda premeditación, mas no podía comprobar que él lo hubiera sido también; me jactaba de una espiritualidad que no tenía, cuando había sido él quien me había invitado a buscarla.

Regresé a la habitación y toqué la puerta. Tardó mucho en abrir. En cuanto lo hizo, se volvió al rincón del cuarto donde, en apariencia, había permanecido todo ese tiempo frente a su PC portátil. Lo observé escribiendo por un largo rato. Había conectado su máquina a la línea del módem.

—Perdóname, Fausto —le dije—. Soy una tonta. No debí...

—¡Carajo!

Jaló la computadora y la arrojó al suelo. El cable telefónico se reventó. Caminó directo hacia mí. Pensé que iba a golpearme. Cubrí mi cara y grité, pero sólo pasó de largo, tomó su cartera, las llaves del coche rentado y salió de la habitación.

Me quedé como petrificada durante casi una hora. Cuando al fin pude moverme levanté la laptop. Estaba rota, pero tal vez funcionaba. No encendió. Busqué el cargador y la conecté. Por lo visto, Fausto la había aventado cuando se le terminó la batería. En la pantalla apareció como un "documento recuperado" el texto que había estado escribiendo para mandar por *e-mail*. Decía algo así:

Querida Dulcinea:

Me siento muy mal. Mi matrimonio se está yendo al caño. Olga tiene actitudes y comentarios que detesto. Es una mujer idiota que habla sin pensar. ¡Ahora se quiere hacer pasar por santa! También estuve en las reuniones bíblicas de las que tanto presume, y pienso que la relación con Dios es algo personal... una tarea secreta; una montaña que se escala poco a poco y en privado.

Yo nunca he escalado esa montaña.

Muchos creemos que rezar es un pasatiempo sólo para débiles de carácter, mujeres y ancianos. Pero hoy razoné algo más triste aún. Cuando algunos hombres empezamos a acercarnos a Dios, con torpeza, no falta la esposa, el cuñado, la suegra o cualquier otro familiar que se cree el último apóstol viviente y nos remarca lo ignorantes, viles y sucios que somos.

Siento un coraje muy extraño: Olga me llamó corrupto, y lo soy, maldita sea. Soy un puerco, inmundo, asqueroso, que no vale nada; he hecho cosas muy graves, estoy lleno de costras, pero por primera vez trataba de cambiar... No es posible hacerlo teniendo una mujer como ella cerca.

Olga es lo peor que me ha pasado en mi vida. Repudio la hora en que la conocí y, como dice haber logrado subir a la cima y tutearse con el Creador, yo renuncio a todo intento de escalar esa montaña.

Si ella dice que soy malvado y cerdo, ya verá. ¡Verá que tan malo y tan cerdo puedo ser!

Me quedé fría después de leer lo que Fausto había escrito. No lo podía creer. Me enfurecía la idea de que pudiera desahogarse de esa forma con una desconocida y en cambio se cerrara como una tapia cuando estaba conmigo; cada palabra era un alfiler que picaba mi corazón. En un gesto de masoquismo puro, releí varias veces el texto. Mi autoestima se derrumbó por completo. ¡Cómo pude ser tan torpe! Lo había fastidiado todo, pero ¿qué debí haber hecho? ¿Aceptar ir con él a la playa nudista? Tal vez mi error no consistió en rechazar su oferta, sino en el argumento que usé para ello. Pude haberlo abrazado de forma seductora y decirle que apetecía *otro tipo* de actividades con él a solas: podía haberle hecho ver, sin darle mayor importancia, que esos lugares no son en realidad tan interesantes... Cuando ya es demasiado tarde comprendo que hablar de Dios y mencionarlo trilladamente en todas las frases y ocasiones, logra un efecto inverso al deseado: Abarata su imagen, aleja a las personas de ese concepto tan manoseado y del mojigato que luce su hueca ostentación. Pero eso lo entiendo ahora. En aquel entonces no era capaz de discernir tales sutilezas. Mi ánimo se hallaba en el más profundo y desolado pozo. Mi autovaloración destruida... mi idealismo hecho trizas...

Lo esperé despierta, dispuesta a pedirle una disculpa.

Fausto llegó en la madrugada. No estaba borracho, pero traía aliento alcohólico.

—Quiero hablar contigo —le dije sin poder levantar la cara.

—¿Todavía estás aquí? —se burló a grito pelado—. Pensé que te habías ido con las misioneras de la madre Teresa. ¿Por qué no nos dejas a los mundanos vivir en nuestro estercolero?

—Fausto, por favor.

—¿Qué quieres?

—Tengo algo que decirte.

—Pues resume tus ideas, porque dentro de cinco minutos me voy a dormir.

Caminó hacia el baño.

—Leí lo que escribiste en tu laptop.

—Ah... ¿y...?

Fui tras él.

—Fausto, necesitamos hablar. Estoy enterada de que escribes *e-mails* muy íntimos a una mujer que dice llamarse "Dulcinea".

Giró la cara hacia mí. Su gesto era de enfado, pero no de furia.

—¿Estuviste husmeando en mis archivos?

—Sí. Los leí. Sentí mucho coraje... me volví loca de celos...

—¿Vas a sermonearme otra vez?

Puso pasta de dientes en su cepillo y se lo llevó a la boca.

—No, Fausto... sólo quiero decirte que estoy al tanto de tus errores y quiero perdonarte.

Se cepillaba vigorosamente, aparentando no estar interesado en mis palabras.

—Pero también necesito que tú me perdones —continué—. No soy ninguna santa... Tengo algo que decirte... Algo que me ahoga y que no puedo contener por más tiempo. Necesito confesártelo.

Disminuyó la velocidad de su cepillado y me miró de reojo.

—La culpa me embarga y me oprime como una loza. No puedo ni respirar. Ambos necesitamos limpiar nuestro pasado para empezar de nuevo. En esa montaña que mencionas en tu escrito, los dos estamos en las faldas... no hemos subido un ápice, pero ha llegado el momento de intentarlo de verdad. O nos perdonamos los dos y comenzamos a subir, ayudándonos mutuamente, o quizá ha llegado el momento de separarnos para siempre.

A esas alturas de mi discurso él había dejado de mover el cepillo y lo mantenía dentro de su boca. El dentífrico blanco y espumoso se le escapaba por las comisuras dándole un aspecto de perro rabioso.

Había logrado captar su atención. Tragué saliva dudando por un segundo. Ese fue, en verdad el momento decisivo, el instante en que pude replegarme para reorganizar mis ideas y atacar por otro flanco (en vez de embestir de frente, sabiendo que estaba a punto de llevar a mi tropa a una muerte segura).

Sacó el cepillo de su boca para hablar con gesto escamado, como si adivinara lo que estaba a punto de escuchar.

—Adelante, soy todo oídos.

Entonces se lo dije...

6

FUE UN ACCIDENTE

—Cuando le conté a mi esposo la verdad respecto a mi adulterio, todo se arruinó. Aunque el vaso ya estaba colmado, la gota que lo derramó fue esa —levantó las pupilas con timidez—, creo...

Suspiré.

—Esa fue.

—Pero entonces ¿debí mentir? —preguntó—. Doctora Blanca, ¿es la *verdad*, como usted dijo, garantía de sanidad? ¿O lo es a veces sí y otras no?

—¿Usted que piensa?

—¡Yo le estoy preguntando!

—Lo siento Olga. Hay ciertas reglas que debo seguir. No puedo dar mis puntos de vista. Usted debe encontrar su propia verdad.

—Cuando la conocí se presentó ante mí con una frase que me desarmó. Dijo "soy una divorciada" ¿recuerda? Por eso accedí a hablar con usted. Necesito conocer a alguien que haya vivido problemas similares. No me vea como su paciente. ¡Aconséjeme!

—De acuerdo ¿qué quiere saber?

—¿Debí mentirle a Fausto respecto a mi infidelidad? ¿Siempre necesitamos decir la verdad aunque duela?

—En mi experiencia —articulé muy despacio—, puedo afirmar que cuando dos personas están viendo nacer su relación deben hablar de todo lo ocurrido en el ayer, ¡de *todo*!, pero cuando la relación ha madurado es necesario que ambos tengan mucho cuidado de no herirla innecesariamente. ¿Para qué hacer comentarios que sólo ocasionarán dolor y desconfianza en el ser amado? He sabido de matrimonios que se fracturaron porque a la mujer se le ocurrió platicarle a su marido sobre antiguas aventuras sexuales. La verdad es importante, pero hay verdades innecesarias y venenosas que no deben decirse. El adulterio es una de ellas. La persona infiel se perjudica sobre todo a sí misma, resquebraja su moral, degrada su integridad... tiene un problema *individual*. Necesita restablecerse de esa caída. ¿Cómo? Mediante arrepentimiento genuino, pero *nunca* desahogándose con su cónyuge. Si tuvo la suerte de no ser descubierto, está obligado a llevarse el secreto hasta la tumba.

—Este ejercicio de "la autopsia" es terrible —sonrió desganada—. Se descubren cosas que producen aún más carga de culpa.

—Al principio, quizá, pero analizar la relación muerta nos obliga a comprender nuestra nueva realidad para poder afrontarla.

—Gracias... ¿Le puedo pedir un favor?

—Adelante.

—¡Seamos amigas! Usted no me cobra por estas sesiones. Mi mamá me daba consejos y era mi amiga al mismo tiempo. Una relación así me gustaría tener con usted.

—¿Su madre vive?

—Sí. También mi papá. Se preocupan por mí, pero yo ya no les cuento nada.

Conjeturé que quizá los padres de Olga me habían enviado la nota de auxilio y el cheque. ¿Quién mejor para procurar la rehabilitación de una hija con problemas? ¿Pero cómo habrían obtenido mis datos?

—Yo no soy tan altruista como piensa.

—¿Quiere que le pague?

—No.

Contempló mi librero.

—Necesito leer algo que me ayude a ver las opciones con más claridad. ¿Puede recomendarme un libro?

Me quedé callada. La extraña forma en que había iniciado esa terapia me producía una carga moral indefinible, como si el autor de la nota anónima me estuviese sobornando con un cheque para obligarme a trabajar. Consideré la idea de hacer lo que Olga me pedía.

Fui a mi librero y saqué una de mis carpetas de trabajo.

—Hay lecturas —extraje una hoja impresa—, que deben estudiar las personas en recuperación.

—¿Con cuál empiezo?

—Ésta —le dije—, léela despacio y en voz alta.

Obedeció.

CONVIERTA LA RUPTURA EN ACCIDENTE

Una ruptura es sinónimo de pérdida y toda pérdida provoca baja autoestima, ira, miedo, nerviosismo, culpabilidad y tristeza.

Existen rupturas "propiciadas" en las que el afectado ha tenido la culpa, y rupturas "circunstanciales" en las que simplemente ha sido víctima de sucesos desfavorables.

Sin hacer una clasificación tajante —pues todo depende de cómo sucedan las cosas—, algunas rupturas propiciadas son: divorcios, pérdida del trabajo, quiebras, mudanzas drásticas o encarcelamientos; mientras algunas rupturas circunstanciales son: enfermedades, invalidez, desahucios, fallecimiento de seres queridos, violaciones, malos tratos y asaltos.

La gente sabe que debe ofrecer consuelo a quien ha sufrido una ruptura circunstancial, pero con frecuencia deja solo al que ha sufrido una ruptura propiciada. "Después de todo él se metió en esto, se lo buscó, sabrá manejarlo, es su problema."

Si usted ha vivido una ruptura propiciada es posible que sus amigos y seres queridos se hayan hecho a un lado. No habrá recepción, funeral, ni abrazos de felicitación o pésame. Incluso, es posible que opte por ponerse una máscara de indiferencia y diga cosas como: "Es lo mejor que pude hacer", "no sé por qué me tarde tanto", "por fin descansaré", "era inevitable". Aunque tenga razón, su actitud de fortaleza puede llevarlo a la arrogancia. Reconozca tres cosas: usted no es perfecto, ha cometido errores graves y necesita amor y comprensión. Deje de justificarse. No trate de convencer a los demás. Sólo cambie sus paradigmas:

Propiciado o circunstancial, imagine que ha sufrido un acci-dente automovilístico y necesita auxilio. Pedirlo, es signo de responsabilidad y entereza. Existen diversas personas que pueden asistirlo: terapeutas profesionales, grupos de autoayuda o amigos comprensivos y preparados. Incluso, hay organizaciones como "divorciados anónimos" que con base en un programa de doce pasos y reuniones diarias, brindan verdadero auxilio a quienes atraviesan por el proceso.

A nadie le agrada los accidentes, pero usted debe hacerse a la idea de que ha tenido uno. De ahora en adelante, siempre que recuerde su divorcio, la traición que le hicieron, el asesinato de su hijo o cualquiera que sea su ruptura, la relacionará con eso: *un accidente*. El auto quedó desecho y usted está vivo de milagro. Vale la pena dar gracias por ello. Acepte ayuda y perdónese a usted mismo.

Aunque esté sufriendo, no se deje abatir. Se recuperará; eso es seguro. Piense que todo lo que le ocurre en la vida, por más inexplicable que parezca, le brinda otra estatura intelectual, otro nivel de madurez, otra perspectiva de las cosas...

Las eventualidades del ayer nos acondicionan para eventos futuros. Los mejores consejeros no lo serían si no hubieran vivido y superado ellos mismos las pruebas sobre las que ahora aconsejan a otros. Cada persona tiene una misión que cumplir y las terribles rupturas por las que pasamos nos acercan más a esa misión. Todo cuanto nos sucede converge en un propósito para el cual fuimos creados y vale la pena alcanzarlo...

Olga Nidia leyó el papel con muchos tropiezos y regresiones. Al terminar, agachó la cabeza y musitó:

—Aquí dice algo... Los que hemos vivido una ruptura *propiciada*, perdemos todo tipo de apoyo familiar y amistades. Por eso estamos tan solos. Blanca: Ayúdeme a superar eso.

—¿Qué propone?

—Visite mi casa. Vaya conmigo a cenar de vez en cuando. Dígame lo que opina respecto a lo que estoy haciendo... Usted misma cuénteme sus problemas. Sea más humana...

Sopesé la petición en silencio.

Si renunciaba, en este caso, al papel de terapeuta para asumir el de amiga y consejera, me arriesgaba a sufrir una contratransferencia, pero dejaría de sentir la desazón de haber sido comprada.

—De acuerdo.

Tomé las llaves de mi coche y dije.

—Hablémonos de "tú", entonces. Vamos a un restaurante a tomar un café. Ahí me sigues platicando.

Olga Nidia sonrió y me dio un abrazo.

Luego me siguió.

7

SÍNDROME DE OTELO

Después de mi confesión, Fausto se quedó pasmado. No gritó ni me reclamó como hubiera sido lógico. Se enjuagó la boca, caminó con pasos diminutos, se metió en las cobijas y cerró los ojos. Quise acercarme a él, pero en cuanto lo toqué, se sobresaltó.

—Mantente alejada de mí, ¿oíste?

Obedecí.

Los siguientes días en Acapulco no me dirigió la palabra. Cumplió con sus compromisos mediocremente. Cantó en los conciertos como autómata, sin interés ni energía. La gente quiso alentarlo con aplausos, pero él se mostró siempre apocado. Al final, los oyentes se desanimaron también. La prensa describió su presentación en el festival como "insípida y aburrida".

Llegamos a México cabizbajos. Nuestros hijos Sandy, Sindi y Román, nos recibieron expectantes; tenían la esperanza de que el viaje nos hubiese ayudado a entendernos mejor. Casi de inmediato notaron los efectos contrarios. Fausto se comportaba como un león herido replegado en su guarida, pero un león al fin, que muy pronto atacaría. No tardó mucho.

—¿Cómo fue? —me interrogó.

—¿Perdón?

—Sí, sí. No disimules. Explícame cómo fue.

—¿A qué te refieres?

—¿Lo hicieron en la oficina?, ¿sobre el escritorio?, ¿cuántas veces?, ¿se hallaban vestidos o desnudos?, ¿te gustó?

—Estás enfermo.

—¡Tú me enfermaste! La locura de los celos se llama síndrome de Otelo, ¿no? Pues más te vale encontrar la manera de tranquilizarme si no quieres terminar como Desdémona.

—¡Déjame en paz!

—Pediste un permiso en el trabajo, ¿verdad? ¡Quiero que vayas mañana y presentes tu renuncia definitiva!

—Cuenta con ello.

Eso pareció calmarlo. Se me acercó por la espalda y comenzó a quitarme la ropa. No opuse resistencia. Sus movimientos se tornaron cada vez más bruscos y groseros. Mis pensamientos fueron virando de resignada tolerancia a desabrida extrañeza hasta llegar al franco repudio e incluso al pavor. Fausto me lastimó al arrancarme las prendas interiores. Me tiró al piso sin considerar la posibilidad de que sus empellones pudieran producirme una lesión. Estaba como poseído. Se desnudó resollando y gruñendo. Combinó el acto sexual con fuertes palmadas, rasguños, jaloneos y golpes. El estupor y el miedo me paralizaron. En otras ocasiones, había sentido su brutalidad, pero nunca antes me había violado tan atrozmente. Luego de satisfacerse, dejó caer todo su cuerpo sobre el mío y permaneció inmóvil asfixiándome. Me escabullí apenas, como quien aparta de sí las viscosas escamas de una anaconda asesina que ha optado por echarse una siesta. Me vestí con torpeza, salí de la habitación sintiéndome degradada, fui con los niños y me acurruqué junto a ellos. Estaban viendo la televisión.

Román notó de inmediato mi pesadumbre.

—¿Qué te pasa, mamá? ¿Estás llorando?

—No, hijo. Tranquilo.

Las mellizas, Sandy y Sindi, aunque también se percataron de mi congoja, prefirieron desconocerla. Román se acercó para acariciarme el cabello con ternura, tratando de consolarme sin alterar la indiferente presencia de sus hermanas. Le di las gracias con un leve movimiento. Era un niño muy maduro para su edad. Iba a cumplir catorce años, pero tenía la sensibilidad de un adulto; tal vez por haber sufrido el abandono de su madre original cuando era bebé, tal vez porque en cada una de sus células llevaba grabada la información de un chico indefenso que busca a toda costa ser rescatado y amado por una familia compasiva; tal vez porque, aunque su conciencia no tenía registrado el proceso de adopción del que fue objeto, su subconsciente lo sabía a cabalidad y luchaba todos los días por merecer el cariño de unos padres que habían hecho la promesa secreta de amarlo como si fuera hijo propio y de darle la oportunidad de vivir en un hogar estable...

Dejé escapar un sollozo y las niñas se sobresaltaron. No eran gemelas idénticas, pero reaccionaban y se parecían como si lo fueran.

—¿De qué trata la película? —les pregunté disimulando mi malestar.

—De dinosaurios —comentó Sandy.

Fingieron mirar la pantalla con interés. Sentí una gran ternura por ellas. Habían sido producto del único embarazo de alto riesgo que pude llevar hasta su fin. Las concebí después de participar en un programa doloroso, caro y terriblemente desgastante, de fertilización *in vitro*. Ellas eran, como se dice, vulgarmente, niñas de probeta. Mis óvulos, extraídos quirúrgicamente fueron fertilizados por el esperma de Fausto, frente al ojo indiscreto de un laboratorista. Lo malo y triste de la historia es que, además de los dos embriones exitosos, hubo otros dos muertos después de implantados y otros siete de reserva que aún permanecen vivos en el refrigerador de una clínica de fertilización asistida.

Escuchamos los pasos de Fausto acercándose. Apreté de forma automática la mano de Román, como buscando una protección que el niño no podía darme.

—¿Por qué huyes de mí? —dijo Fausto en cuanto entró a la sala—, ¿no te gusta estar conmigo, pero sí con otros?

—Cállate, ¡los niños están aquí!

—¡Pues que se enteren de una vez la clase de madre que tienen!

—Estás loco.

—¡Anda! Diles lo que hiciste con tu jefe. Que lo sepan también. ¡Tienen derecho!

—Imbécil —murmuré soltando a Román y poniéndome de pie.

Me tomó del brazo y trató de zarandearme, pero Román brincó y se interpuso:

—Déjala papá, no le hagas daño. Ella es muy buena. No la trates así.

Fausto miró a nuestro hijo. Tuve miedo de que arremetiera contra él, pero afortunadamente optó por fingirse ofendido y retomar su condición de fiera herida. Salió de la habitación.

—¿Qué le pasa a mi papá? —preguntó Sindi.

—Le fue muy mal en el festival de Acapulco —contesté—. Espérenme. No se muevan de aquí.

Necesitaba ir a la calle para hablar con Marcelo desde un teléfono público. Deseaba desahogarme y no tenía con quién hacerlo. Mi único amigo era él.

Cuando entré a la habitación para alcanzar mi bolso, escuché el sonido de la ducha. Fausto se había metido a bañar. Eso me daba unos diez minutos de libertad. Podía llamar desde la casa sin ser descubierta, así que corrí a la cocina y marqué el número celular de mi jefe. Después de unos segundos, contestó. Parecía estar en una fiesta, porque se oía música.

—¿Quién es? —preguntó—. Casi no escucho.

—Olga —contesté—, soy Olga Nidia. ¿Cómo estás?

—Espera un momento —el ruido se fue atenuando—. Ahora sí —concedió—, ¿qué pasó, Olga? ¿Hay algún problema?

—Estoy desesperada —me apresuré a decir, mirando hacia todos lados—. Tengo mucho miedo, Marcelo. El permiso temporal que me diste no ha servido de nada. En todo caso ha empeorado las cosas. Mi esposo se ha vuelto muy agresivo.

—A ver cálmate. Explícame qué sucede.

Le hablé de Fausto; de sus arranques, de su sarcasmo, de su intimidación; incluso le describí a grandes rasgos la violación que sufrí, pero no tuve el valor de aclararle que yo había provocado todo con la impertinente confesión de mi infidelidad. Al principio, Marcelo pareció confundido, pero después comenzó, no sólo a consolarme, sino a darme indicaciones respecto a cómo preservar mi integridad. Me habló de una institución para la prevención de la violencia y me dio ánimo para mantener la calma.

—Mañana voy a ir a la oficina —le dije—, tengo que renunciar al trabajo.

—Sí. Tal vez sea lo mejor —se despidió—. Cuídate por favor —y agregó en tono de ilícita complicidad—. Te quiero mucho.

—Yo también te quiero mucho —contesté—, gracias.

Iba a colgar cuando descubrí el ronquido de una tercera voz. Me asfixió la certeza de que alguien en la línea había escuchado la conversación.

—¡Qué conmovedor! ¡Yo también los quiero mucho! ¡A los dos!

Dejé caer el teléfono y busqué las llaves del auto. Cuando al fin las hallé, era tarde. Mi marido había llegado hasta donde yo estaba, deteniendo con la mano izquierda una toalla envuelta en su cintura y enarbolando con la derecha unas tijeras que tomó de mi mesa de costura.

Corrí a tratar de encerrarme. Ignoraba a qué grado podía, el síndrome al que había hecho referencia, afectar su raciocinio y poner en riesgo mi vida. Perdió la toalla en el camino, corriendo detrás de mí. No fui suficientemente rápida y antes de echar el cerrojo a la alcoba, me alcanzó interponiendo un pie en la puerta y dando un empujón que me proyectó varios metros hacia atrás.

Grité de terror al verlo furioso, llevando como único atuendo las tijeras. Cerró para impedir que los niños, quienes ya se acercaban a toda prisa, vieran los pormenores de la escena.

—Eres deshonesta y pervertida —me dijo—. No te bastó con ponerme los cuernos en la oficina, ahora lo haces incluso en esta casa.

Se acercó abriendo las tijeras. Di un salto y traté de escapar, pero me atrapó.

—¡Ven acá! ¡Explícame por qué! ¡Nunca te he dado motivos!

Estaba enfurecido y no quise desdecirlo respecto a los motivos que sí me había dado. Comprendí, sin embargo, que mi silencio sólo incrementaba su sensación de poder. Poco a poco la adrenalina segregada aumentó mi presión interior hasta hacerme estallar como un tanque de gas que ha sido excedido en su capacidad.

—¡Tú lo has provocado todo! —me le enfrenté sin medir el peligro—, eres un hombre a medias. ¡Ya lo creo! Un miedoso con ínfulas de grandeza. Siempre me has descuidado y tratado como un objeto. Yo no te hubiera sido infiel jamás si tú no me hubieras sido infiel a mí antes, ¿o acaso crees que no sé lo que haces con tus *fans* después de los conciertos?, ¿crees que ignoro la forma en que cultivas novias por Internet como un adolescente idiota, para después irte con ellas a la cama? Eres unególatra. Tuvimos tres hijos con mucha dificultad, ¿y para qué? ¡Nunca juegas con ellos!, ¡no les haces caso!, ¡no les enseñas nada!, ¡no les tienes paciencia! Jamás has ido a una junta escolar. Sólo te preocupas por ti y tus perversiones...

Con gusto hubiera continuado mi discurso de no haber sentido las tijeras abiertas en mi garganta. Fausto apretó el filo de la hoja cortándome la piel. Un hilo de sangre me corrió hasta el interior de la blusa.

—Anda —lo azucé—, mátame. Prefiero morir ahora, que vivir a tu lado un día más.

Soltó el instrumento y me abofeteó. Afuera los niños gritaban y lloraban.

—¡Por favor! —decía Román—. ¡Papá, no le hagas nada a mi mamá! Si quieres pégame a mí. ¡Te lo suplico! ¡Yo soy un niño malo! ¡Tú lo sabes! ¡Merezco ese castigo y más!, ¡por favor! —tocaba a la puerta—, ¡déjala en paz! ¿Me oyes?

Esta vez las súplicas de nuestro hijo mayor no detuvieron a Fausto, sino que parecieron enfurecerlo más.

Siguió golpeándome.

8

DIGNIDAD A CAMBIO DE DINERO

Olga Nidia se detuvo, complacida por un masoquismo inexplicable o por el placer protagónico de haber conseguido mantenerme en ascuas.

Eran las once treinta de la noche. Estábamos en un restaurante que cerraba a las once y quedaban muy pocos clientes. Pedí la cuenta y Olga se apresuró a quitármela para pagar.

—¿Dejaste tu coche en mi oficina? —pregunté.

—No estoy manejando ahora... ¿Podrías dejarme en un sitio de taxis?

Asentí.

Llamé por el teléfono celular a mi esposo para indicarle dónde estaba. Por su tono de voz noté que César se molestó un poco, pero no me dijo nada. Desaprobaba de forma tajante que yo anduviera sola con esa mujer.

Atravesamos el estacionamiento y llegamos al vehículo.

—Estoy hecha trizas, Blanca —dijo en cuanto subimos al coche—. Siento que el cadáver de la relación entre Fausto y yo se ha descompuesto como el gato de la cocina.

—Te voy a llevar hasta tu casa —comenté—. No está lejos...

—Muchas gracias —se recostó en el asiento y cerró los ojos—. Fausto sabía castigar sin dejar huellas —rememoró—. No me pegó con el puño cerrado más que en lugares blandos como el estómago y los riñones. Me arrastró jalándome de los cabellos y me atizó en las mejillas sólo con la mano abierta. Creo que perdí el conocimiento por unos minutos, pero mi cuerpo no mostró marcas al día siguiente.

—¿Y los niños? —pregunté—, ¿qué hicieron?

—Nada. Su padre salió de la habitación y con gritos amenazadores los obligó a irse a la cama. Supongo que obedecieron aterrados.

—A ver, Olga —cuestioné—. ¿Cuánto tiempo después de esa paliza permaneciste viviendo con Fausto?

—Seis meses.

—¿Por qué?

—Temía por mi vida, Blanca. Sabía que si le pedía el divorcio, mi marido era capaz de volver a agredirme, esta vez con más saña.

Recordé algunas cifras de los especialistas:

—¿Sabías que cada dieciocho segundos una mujer en el mundo sufre maltrato físico por parte de su pareja, que aproximadamente cuatro millones al año son golpeadas y un millón y medio de ellas acaban en el hospital? ¿Sabías que las mujeres violadas o maltratadas por su marido, rara vez tienen la iniciativa de separarse porque el divorcio les produce vergüenza, desamparo religioso, miedo por sus hijos, temor a una revancha más sangrienta y problemas económicos graves?

Levantó la cara, pero no me miró.

—Sí. Lo acepto. El dinero también fue un factor. Estábamos acostumbrados a muchos lujos. Yo no ganaba tanto. Me creí incapaz de mantener el ritmo de vida que llevábamos. Tú sabes. El club deportivo, la colegiatura de mis tres hijos, los viajes, la comida... Fausto era el millonario. No yo.

La observé decepcionada.

—Es verdad —se defendió ante mi mirada—. Temía llevar la carga económica sola.

—Olga Nidia, muchas mujeres maltratadas usan ese argumento. Venden su dignidad y al final deciden permanecer junto a su verdugo por el dinero.

—¿Venden su dignidad?

—Sí. Esa convicción secreta de que valemos mucho y merecemos respeto a pesar de nuestros errores.

—Yo perdí la dignidad a causa de la paliza.

—No lo creo. La dignidad se pierde poco a poco; casi imperceptiblemente. Cada agresión soportada en silencio, sienta un precedente que indica al agresor hasta dónde puede llegar sin recibir protestas o contrataques. Así, en la siguiente ocasión irá hasta ese límite y un poco más. Cada maltrato menoscabará otra pizca la dignidad del agredido e incrementará el poder del ofensor. La definición más simple de un "macho violento" es la del "agresor, compañero de una 'hembra cobarde' que nunca pone límites". Así de elemental, Olga, Las mujeres soportan malos tratos por falta dignidad. El dinero es sólo una excusa.

Olga apretó la mandíbula hasta que la forma de su cara se hizo más compacta y angulosa. Después comenzó a tallarse los párpados con el ímpetu de quien quiere sacarse los ojos de las cuencas.

—Blanca, ¡el asunto económico es importante! —rebatió ya sin mucha convicción—. Una debe pensar en todo antes de divorciarse.

Había escuchado muchas veces el argumento. Para rebatirlo usé una de mis fábulas preferidas:

—Diógenes estaba cenando lentejas cuando Aristipo, que vivía bien, a fuerza de adular al rey, se burló de su colega diciendo: "Si aprendieras a ser lambiscón, no tendrías que comer lentejas". A lo que Diógenes contestó: "Si aprendieras a comer lentejas, no tendrías que ser lambiscón".

Guardé silencio para permitir que Nidia razonara la moraleja.

—La seguridad económica que nos hace soportar irregularidades graves —continué—, a la larga siempre es perjudicial. Pregúntaselo a las sexoservidoras. Ellas se dejan humillar a cambio de dinero, pero la dignidad es invaluable y cuando se pierde, no se recupera con billetes. Si toleras que te golpeen, te violen y te hagan sentir como basura a cambio de un estatus económico, estás ejerciendo una forma de prostitución —me detuve unos segundos para obligarla a mirarme a los ojos—. Olga, yo creo firmemente en la familia y en el matrimonio, pienso que vale la pena formar un hogar y luchar por él, pero *siempre y cuando* se construya sobre una base de amor y respeto mutuo.

Bajó las manos y trató de abrir los ojos inútilmente, parecía como si las lágrimas contenidas se hubiesen solidificado, dejándola media ciega. Volvió a la tarea de friccionarse.

—Me estalla la cabeza.

—Descansa un rato.

Salí del periférico y conduje por la zona residencial.

Ella volvió a recostarse en el asiento y guardó silencio. De pronto, se irguió asustada por un recuerdo insospechado.

—Tal vez Fausto esté en la casa.

—¿Él entra y sale cuando quiere? ¿No se divorciaron?

—Sí. Vivimos separados y estamos en medio de un litigio, pero se mudó cerca y me vigila todo el tiempo. Es una pesadilla. No ha querido darme las llaves.

—Pues si está en tu casa, debes pedir ayuda.

Me miró intrigada durante unos segundos y volvió a la tarea de frotarse los párpados.

—¿A quien?

—A la policía. Una mujer maltratada en proceso de divorcio, necesita apoyo legal. Hay muchas organizaciones de ayuda a las que puedes llamar, pero hallarlas es tan simple como abrir el buscador de Internet o el directorio telefónico en sus primeras páginas, ver los números de emergencia y pedir información. Están a la mano. Lo que se necesita es valor.

Parpadeó repetidas veces hasta que logró abrir los ojos. Aunque un poco extremo, su recurso de frotarlos hasta casi hacerlos saltar, le sirvió, como deseaba, para inhibir el reflejo de romper en llanto.

Llegamos a su casa.

—Blanca ¿puedes acompañarme?

—No sé…

—Sólo un minuto. Tengo miedo…

Bajó del vehículo. La seguí con cautela.

—Espera —me dijo buscando en su bolso. Después introdujo una llave en la cerradura. Abrió despacio. El tufo maloliente no había desaparecido por completo.

—¿Y las niñas?

—Están con mi hermana.

—Ah.

—Gracias, Blanca. No hay nadie en la casa, ¿te invito a desayunar mañana?

—No… no puedo —respondí—. Tengo muchas citas… Tal vez otro día.

—¿El próximo sábado, entonces?

—Quizá.

—Te espero.

Me alejé de la casa, confundida.

Reprobaba la forma en que me estaba inmiscuyendo emocionalmente con el caso, pero había algo en él que me atraía con una fuerza casi magnética, como la que se siente sólo por las historias relacionadas con nuestra propia vida.

No pude borrar las escenas de mi mente.

Esa noche, soñé que yo era una de las mellizas y que Fausto me golpeaba con un garrote hasta hacerme desfallecer. Desperté aterrada.

El resto de la semana trabajé con entusiasmo, pero sin poder borrar a Olga Nidia de mi memoria.

El sábado me levanté muy temprano, hice ejercicio, me bañé y después traté de trabajar escribiendo un ensayo en mi computadora. No pude avanzar.

Tomé mi bolso, una carpeta de material terapéutico y fui hacia la casa de Olga Nidia.

Me estaba esperando.

La casa seguía oliendo mal, como si el hedor del gato putrefacto se hubiese impregnado en los muebles.

Nos acomodamos en la mesa de la cocina frente a un buen plato de frutas y poco a poco tomamos de nuevo el hilo de su historia.

9

AL FINAL TODO SE SABE

Después de la paliza, dormí acurrucada en un rincón de la cama sin moverme durante toda la noche. Al despertar, ayudé a mis hijos a vestirse, les di de desayunar y esperé con ellos a que pasara el transporte escolar. No mencioné nada de lo ocurrido la noche anterior y ellos prefirieron respetar mi secreto. Sólo Román me abrazó muy fuerte antes de subir al autobús y me dijo con una mirada de desamparo que me amaba. Eso me partió el alma.

Fausto estaba dormido. Me arreglé con la vaga esperanza de poder rescatar todavía el barco a medio hundir en el que viajábamos y fui directo a la oficina para renunciar.

Llegué a la empresa, pasé de largo frente al despacho de Marcelo y entré al mío. No lo dudé ni un segundo, limpié los cajones, separé mis escasas pertenencias personales y encendí la computadora para organizar un reporte de asuntos pendientes. Deseaba entregar el puesto con todo profesionalismo, sin dejar tacha alguna en mi trabajo por si en el futuro necesitaba volver a tocar la misma puerta; quise ser muy prolija en la presentación de mi reporte, llevaba más de una hora trabajando en él cuando tuve la desagradable sensación de que estaba alucinando: Oí la voz de mi marido.

Dejé de escribir y levanté la cabeza para aguzar mis sentidos.

No era una fantasía. Fausto se hallaba en la sala de visitas.

Sentí la sangre correr por mis venas con una súbita y peligrosa hipertensión.

Salí de inmediato. Él hablaba con la secretaria.

—Hola —los interrumpí—. Pasa a mi oficina.

—No vine a verte a ti. Quiero conocer a tu jefe. ¿Cómo se llama?

—Por favor. No vayas a hacer una tontería. Estoy preparando el informe de mi renuncia.

—¿Aquí fue donde pasó todo?

—Cállate...

—Contéstame. ¿Fue aquí?

—Vamos a mi privado. Te explicaré lo que quieras.

Asintió con malicia y caminó por delante. Se tambaleó un poco al andar. Estaba borracho.

—No conocía tu despacho —dijo tocando los muebles con falso estupor—. De modo que éste es el lugar en el que se unen el trabajo y el erotismo. Qué interesante. No cualquier hombre tiene el privilegio de conocer el escenario en el que su mujer perdió la honradez.

Se sentó en mi sillón y trató de reclinarlo. Luego golpeó el escritorio con la palma de la mano como midiendo su rigidez. Caminó hacia la puerta y verificó que pudiera cerrarse por dentro. Salió nuevamente a la recepción.

—Quiero hablar con el dueño de esta compañía —profirió casi a gritos.

Era inútil tratar de calmarlo. Me quedé petrificada.

—Señorita —preguntó Fausto—¿Quién es el propietario de la empresa? —lo escuché desde mi oficina—. Debo hablar con él. No sé si esté enterado de las cosas que ocurren aquí. Seguramente no. ¿Ustedes tampoco, verdad? ¿Son clientes? ¡Pero vaya! ¿Y se puede saber a quién esperan? ¿Les comieron la lengua los ratones? Pues yo les voy a dar un consejo: Tengan cuidado con los negocios que hagan en este sitio. Mi esposa es encargada del diseño gráfico y me contó cosas muy interesantes. Aquí los empleados se encierran a hacer cochinadas en vez de trabajar. Sí señores. Ustedes dirán que en todos lados se cuecen habas, pero no tienen idea de la forma en que ocurre eso aquí. Los administrativos ponen el cerrojo por dentro en sus despachos, se desnudan y tienen sexo, hasta orgías, con toda seguridad. Señorita, ¿puede llamar al dueño de esta firma? Necesito hablar con él. Debo ponerlo al tanto... Además, no saben con quien están tratando. ¡Necesito decirle que no estoy dispuesto a quedarme callado! Si no me hacen caso voy a hundirles el negocio...

La perorata de Fausto había ido en aumento. Un simple reclamo sin destinatario se convirtió en un discurso violento cargado de improperios que llegó, sin duda, hasta los últimos rincones de la corporación.

Me asomé al pasillo. El presidente estaba ya en la sala tratando de hablar con mi esposo. También habían hecho su aparición dos agentes de seguridad.

—Me interesa escucharlo —decía el anciano—, tranquilícese. Pase a mi despacho.

—Con mucho gusto —contestó Fausto sin bajar la voz—, pero antes va a asegurarme que tomará medidas contra el hombre que sedujo a mi esposa. Es su jefe directo. Ella no quiso decirme cómo se llama, pero usted lo sabe. Quiero verlo aniquilado...

Me escabullí hasta el despacho de Marcelo. Lo encontré sentado con una palidez mortuoria, las manos en la boca y los ojos abiertos como platos. Los canceles que dividían un privado de otro estaban hechos de tablaroca y bastidores huecos. Mantenían la intimidad sólo cuando se trabajaba en silencio, pero eran del todo inadecuados para contener tal suerte de alaridos y exclamaciones.

—¿Qué hacemos? —dije frotándome los dedos—, perdóname. Le confesé a mi marido que tú y yo tuvimos relaciones sexuales porque me sentía muy culpable... De todos modos, al final todo se sabe. Pero nunca creí que se fuera a poner así... Fausto va a cometer una locura.

Demasiado tarde me percaté de que Marcelo me hacía señales desesperadas con los ojos. En el cuartito contiguo para trabajos manuales había alguien que inevitablemente se había enterado de todo el enredo mientras utilizaba la fotocopiadora.

Vi un monedero y unas llaves sobre el escritorio.

Afuera, Fausto seguía farfullando. No supe qué hacer cuando comprendí quién estaba ahí, pero la persona que visitaba a mi jefe y aprovechaba para sacar unas copias sí supo. Dio unos pasos leves y se asomó por la puerta que conectaba al despacho con la sala de manualidades. En un rictus de aniquilación, Marcelo agachó la cabeza cuando mis ojos se encontraron de frente con la mirada de *su esposa*.

10

VOMITANDO

Mi plato de frutas estaba intacto.

Me hallaba tan consternada por el relato de Olga Nidia, que por un instante sentí cómo sus evocaciones lamentables y sombrías me afectaban de manera personal.

De pronto escuchamos el sonido de un automóvil deteniéndose frente a la casa.

Olga saltó de su asiento con la misma actitud del prisionero que escucha pisadas en la escalera por la que suelen aparecer los verdugos para llevarse al siguiente condenado a muerte.

Vimos a través del vidrio esmerilado la silueta de tres hombres que se acercaban a la entrada principal de la casa y oímos cómo tocaban con los puños cerrados.

—¿Los conoces? —pregunté.

—No —dijo poniéndose detrás de mí, como si yo pudiera protegerla.

Caminé despacio.

—¿Quién es?

Parecieron no escucharme, porque volvieron a tocar. Repetí la pregunta imprescindible y esta vez, una credencial de la agencia investigadora del Ministerio Público fue colocada sobre el vidrio.

—Es la policía judicial —comenté—. ¿Hiciste alguna denuncia?

—Sí, en el sanatorio, los agentes preguntaron la causa de mi descalabro y les relaté todo lo ocurrido.

Abrí la puerta muy despacio. Un hombre corpulento pasó de inmediato.

—Buenas... —se detuvo para mirar su reloj—, tardes ya... Soy el comandante Prado. ¿La señora Fuentes?

—Para servirle —contestó Olga sin abandonar por completo su refugio a mis espaldas.

—Venimos a corroborar algunos datos.

Me separé.

Busqué mi álbum de trabajo y fui a sentarme en el sillón de la sala.

Olga se desenvolvió con aplomo. La oí ratificar de forma objetiva los pormenores del golpe que le propinó su exesposo y, cuando se lo pidieron, aceptó sin miramientos estampar su rúbrica al calce de todas las hojas que señalaron.

—¿Van a meter a mi exmarido a la cárcel? —preguntó.

—Le enviaremos una notificación para que se presente a comparecer en un plazo determinado. Si no lo hace, lo aprehenderemos, aunque de todas formas alcanzará libertad bajo caución.

—¿Y cómo evitaré que me vuelva a lastimar?

—Podrá acudir al tribunal de lo familiar y pedir que le pongan una restricción legal para que no vuelva a acercarse a esta casa.

Olga Fuentes asintió y dio las gracias. El policía sacó de su billetera una tarjeta personal y se la extendió.

—Si viene por aquí y le causa problemas, avísenos.

El comandante y los dos custodios, salieron caminando con el paso implacable que mezcla la ostentación y la burocracia.

Olga Nidia se dejó caer a mi lado, apartando con un soplido el mechón de cabello que tenía en la frente.

—¿Qué hacemos ahora? —preguntó.

Yo había sacado del álbum el instructivo para el siguiente ejercicio. Se lo mostré.

—Revisa este párrafo, por favor. Me gustaría que hiciéramos una dinámica.

Lo leyó en voz alta:

ENVENENADOS

La pérdida que usted sufrió pudo ocurrirle a cualquiera; fue inesperada, producto de la adversidad. Sin embargo, no se trató de un accidente común. El símil más ilustrativo sería el de una intoxicación por ingestión de veneno.

Imagine que usted compró una serpiente extremadamente peligrosa; el animal se escapó y fue a morirse en el filtro de agua para beber. Imagine que usted y sus familiares estuvieron bebiendo de esa agua por varios días. Todos comenzaron a desfallecer y los primeros auxilios tardaron en llegar, por lo menos el tiempo en que usted tardó en darse cuenta de que había propiciado el problema cuando compró la serpiente.

Si hace un inventario de los daños, percibirá que en la casa estaban su pareja, sus hijos y la relación…

Todos están intoxicados.

La relación murió, pero las personas siguen vivas.

A un individuo consciente, mayor de tres años, que ha sufrido un envenenamiento por ingestión de sustancias diferentes al petróleo, la bencina, ácidos o cáusticos, la propedéutica recomienda suministrarle un emético para hacerlo vomitar. Esto liberará al organismo de todo el veneno que no haya sido absorbido aún por los tejidos y permitirá a los anticuerpos comenzar a actuar.

Usted está envenenado y necesita tomar un contraveneno urgente.

¡Comience por limpiarse!

—Cuantas metáforas —protestó Olga —, ¿a qué se refiere en concreto todo esto?

Le pedí que me acompañara de nueva cuenta a la mesa de la cocina. Ahí, puse dos hojas en blanco y dos plumas en el centro.

—Recuerda lo que te produce más enfado y malestar en relación a tu divorcio —acerqué una de las hojas—. Ahora, redáctalo en este papel, con tinta roja, sin omitir tus sentimientos; puedes anotar majaderías, blasfemias, amenazas, lo que te dé la gana. Después escribirás, en el otro papel, con tinta negra, lo que aprendiste de todo ello. Trata de ser creativa.

—¿Es necesario? —preguntó.

—Sí.

—¿Para qué?

—Tú estás envenenada. Necesitas vomitar para comenzar el proceso de limpieza...

Tomó el bolígrafo y le dio vueltas. Lo más creativo que logró hacer con él fue usarlo para rascarse el mentón izquierdo pasándolo por detrás de su oreja derecha.

—No puedo.

—Inténtalo en forma de carta. Eso ayudará.

Olga cerró los ojos como el karateca que se concentra antes de romper frente a las cámaras de televisión una pared de ladrillos.

Lo difícil para ella fue comenzar. Una vez puesta la primera palabra en el papel, las demás se sucedieron con un ritmo que hubiera causado envidia a muchos escritores bisoños. Al terminar su redacción, la releyó un par de veces, hizo algunas correcciones y me la entregó.

Fausto:

Eres un poco hombre, desgraciado, maricón, hijo de la grandísima puta... Nunca voy a perdonarte que me hayas puesto unas tijeras en la garganta como hacen a los tablajeros antes de degollar a los marranos. Te sobran admiradoras de bragas ligeras que elogian tu forma de tocar la guitarra, pero ignoran la vileza de tu corazón.

Muchas personas creen que la violencia en el hogar se da sólo en es-

tratos socioeconómicos bajos. Yo soy esposa de un artista, un hombre con prestigio social y puedo testificar que la dignidad del ser humano se agrede en todos los niveles.

Tú eres la muestra más clara de esa abominación y yo he sido la peor idiota del planeta. ¡Me hiciste de menos y yo lo permití! ¿No es increíble?

Cuando éramos novios, por ejemplo, no decías majaderías, pero en cuanto nos casamos comenzaste a maldecir: A los pocos meses de matrimonio me insultaste y yo me encerré a llorar, sin reclamarte nada. Poco a poco, me fui acostumbrando a tus groserías. Ya no era necesario que estuvieras enojado para que me ofendieras; se volvió algo normal. Cuando me equivocaba, te enfurecías y me echabas en cara lo estúpida que era. Cada vez eran peores tus arranques de violencia. Creo que me estabas probando para ver hasta dónde aguantaba. Y aguanté mucho.

Nuestras relaciones sexuales se volvieron rápidas y frías; ya no te interesaba que yo disfrutara... Hoy me pregunto por qué nunca te lo dije, por qué jamás protesté...

La verdad, yo no quería perder a mi familia, ni que los niños vieran peleas; por eso, cuando estallabas aventando cosas y gritando, guardaba silencio y esperaba que el huracán pasara.

En nuestro décimo aniversario, te enojaste conmigo por una tontería; querías irte de la casa y traté de abrazarte, suplicándote que no lo hicieras. Al sentirte atrapado te enfureciste cada vez más, vociferando que te dejara en paz, que te permitiera respirar, pero yo insistía en que te calmaras. Me empujaste, rompiste un vidrio y de todos modos te largaste.

Hoy nuestros hijos, lejos de agradecerme el sacrificio que hice por ellos, seguramente se avergüenzan de mí, pues les transmití mi miedo, mi sentimiento de culpa, mi falta de autoestima. Cuando sean mayores, no podrán entender por qué nunca fui capaz de levantar la cara y hacerme valer, porqué no puse un alto a tiempo, porqué no fui capaz de amarme, perdonarme y de señalar a los demás cuáles eran los límites en el trato conmigo, cuál era la línea de mi dignidad.

11

DIAMANTES ENTRE LOS DESECHOS

No me sorprendí de la enorme capacidad comunicativa de Olga. Había venido demostrándomela en forma oral durante varios días.

—Te felicito —le dije—, has captado muy bien la idea. Vamos a completar el ejercicio. Toma esta hoja limpia y la pluma de tinta negra. Ahora escribe los asuntos de verdadero valor: Lo que has aprendido de todo esto.

Cogió el bolígrafo y anotó en forma de lista varios números en la página, como hacen los niños de primaria antes de empezar un dictado de ortografía.

—No quisiera ser repetitiva —murmuró—, pero, bueno, mucho de lo que he aprendido, tú lo has mencionado ya.

—Escríbelo.

1. Cuando alguien me haga un reclamo en el futuro, lo escucharé, siempre poniendo un límite claro en las "formas" que estoy dispuesta a soportar.

2. Vale la pena luchar por un hogar, pero sin olvidar que el triunfo se basa en la sana autoestima y en la dignidad de cada uno de sus miembros.

3. Es muy importante enseñarle a los niños, con el ejemplo, que las personas merecemos ser respetadas y que ellos deben confiar en sus instintos y protestar cuando algo malo o extraño esté ocurriendo.

4. Los niños deben saber también que tienen derecho a poner en duda la autoridad del adulto, a negarse a sus exigencias o requerimientos, a reclamar, a huir, gritar, armar un escándalo, morder, golpear o patear, a pedir auxilio.

5. Para encontrar el diamante a veces hay que meter la mano en los desechos.

Leí sus conclusiones, al mismo tiempo que ella las escribía. Pocas veces podían hallarse alumnas tan destacadas.

—Excelente. Ahora, mira esto —enarbolé como una bandera la hoja escrita con tinta negra—: es el diamante al que te referiste... mientras esto otro —intercambié la hoja levantando la redacción en rojo—, son los desechos del ayer. Olvídalos para siempre...

Apretó el documento sin dejar de mirarme.

—Lánzalo al bote de basura.

Obedeció indecisa. Estuvo lejos de conseguir el enceste.

—Muy bien.

Olga Nidia se levantó como movida por un resorte. Recuperó la hoja y la desarrugó.

—Nunca en mi vida había podido escribir una carta así... déjame por lo menos mandársela al destinatario.

Sonreí.

—Claro, si quieres hacerlo, está bien. Esto es el ejemplo de una gimnasia que debes continuar durante varios días... Escribe tus sentimientos y pensamientos sin censura, luego, anota lo que has aprendido. Repite el ejercicio con el resto de tus recuerdos.

—¿Y esto, qué sentido real tiene?

—A ver —respondí—. ¿Has hecho jugo de zanahoria alguna vez? Metes los bulbos a la trituradora, colocas un recipiente para recolectar el zumo y después tiras el bagazo. Lo mismo debe hacerse con el ayer; extrae de él el jugo del aprendizaje y desecha lo demás.

—Pero el pasado es algo *real*.

—No, Olga Nidia. Lo único real es el presente. Vas a comenzar una nueva vida. ¡Escudriña el saco de recuerdos y ya no cargues con él! Entrégate al hoy.

—Mi presente es terrible. Lo que necesito es huir de él. Hablando en tus términos, el veneno me ha producido un verdadero *shock*.

—Pues ten cuidado: Cuando alguien está envenenado, debe luchar por sobrevivir. Muchas personas en crisis optan por tener correrías sexuales, consumen alcohol, droga o medicamentos. Nidia, ¡es algo que tú estabas haciendo! No me lo puedes negar. Lo he visto en tu mirada: Todavía tomas antidepresivos, has tratado de dejarlos, pero reincides y cada vez necesitas mayores dosis para sentir el mismo efecto... —me observó asombrada—, has caído en un laberinto de autodestrucción y debes poner un alto *ya*. No mañana ni la próxima semana, sino *hoy*. Entiende que tu reto es subir un peldaño cada día, lograr una meta, un trabajo, un detalle. Eso es todo. La escalera de la completa recuperación es muy larga, y mirar hacia arriba puede causarte desesperación. ¡Sólo fíjate en el escalón que tienes enfrente! Es pequeño y fácil de subir. Al día siguiente, te preocuparás por otro... Habrá veces en que no podrás remontar ni siquiera ese peldaño, pero mantente asida al barandal de la escalera y vuelve a intentarlo... Si es posible, disfruta el proceso. Estarás sobreviviendo y con ello volviendo a nacer.

Llevó una mano a la frente y se rascó. Luego cuestionó:

—¿Se pueden extraer los diamantes del aprendizaje sin tener que escribirlo todo? Me resultaría más fácil hablar.

—Sí —respondí—, de hecho, es la forma terapéutica tradicional. Lo hemos estado haciendo durante días. Puedes sacar todas tus toxinas en un grupo de autoayuda, con una amiga, en un psicólogo, hablando contigo misma o con Dios, pero eso será solo la mitad del ejercicio. La segunda parte, el aprendizaje, siempre deberás ponerla en papel para conformar la madurez que adquiriste.

—¿Alguna vez tú hiciste ese ejercicio?

—Sí...

—Cuéntame.

La observé. Me costaba trabajo despojarme de mi papel de psicóloga y asumir el de amiga, pero ese había sido el trato.

—Yo tuve dos hijos —confesé—. La menor falleció. Le amargué sus dos últimos años de vida con mis llantos y lamentos. Caí en una terrible depresión. Un médico me enseñó esta técnica. En mi caso tuve que escribir varias veces el mismo evento, romper las hojas y volver a escribirlo hasta que, después de mucho tiempo, comencé a desapegarme de él. Fue muy doloroso. Algún día te contaré mi historia.

Olga Nidia se puso de pie y fue hasta el filtro de agua para servirse un vaso. Me ofreció otro.

—Espero que no siga envenenada.

Sonreí y lo acepté. No me había percatado de la resequedad de mis labios.

—Acaba de contarme... —le pedí ahora yo—. ¿Qué pasó con la esposa de Marcelo cuando te descubrió?

Olga bebió el agua empinando el vaso de forma exagerada y volvió a servirse otro. Al fin regreso a su silla y repitió la primera idea como para retomar el hilo:

La esposa de Marcelo me sostuvo la mirada con los ojos muy abiertos. Nunca imaginó que su marido le pudiera ser infiel. Era un hombre ejemplar. Lo fue hasta ese día.

Me invadieron muchos sentimientos: deseos de huir, vergüenza, miedo, frustración. Carraspeé intentando tardíamente fingir que mi presencia obedecía a motivos de trabajo.

—Rechazaron el proyecto —comenté en tono ejecutivo—, tendremos que presentar una contrapropuesta.

Fue un buen intento, pero no logré convencer a la mujer y Marcelo prefirió permanecer con la cabeza agachada. Salí de la oficina.

Los gritos de Fausto ya no se oían; estaba en el despacho del presidente corporativo. Todos los empleados merodeaban por los pasillos para enterarse mejor del enredo. Caminé abriéndome paso entre mis compañeros, sin hablarle a ninguno. Me sentía como aquella adúltera que cayó en la trampa de unos morbosos y quedó en evidencia frente a toda la villa, con la abismal diferencia de que a mí nadie me defendió exigiéndole a la plebe que quien estuviese libre de pecado arrojase la primera piedra...

Fui directo a la casa, entré derribando todo lo que se me interpuso. Encendí la computadora de Fausto y abrí el historial del navegador. Comencé a imprimir todos sus *e-mails*: Si él me había hecho quedar en ridículo, yo buscaría toda la evidencia posible para vengarme. Eché una cámara fotográfica portátil a mi bolsa. Estaba dispuesta a reunir pruebas fehacientes de sus correrías; solicitaría el divorcio interponiendo una demanda por adulterio, (que yo comprobaría y él no), e iría a los medios de comunicación para desacreditarlo.

Un par de horas después, Fausto apareció en la casa comportándose como si nada hubiese ocurrido. Para él, la pelea estaba terminada; para mí, apenas comenzaba.

Los niños llegaron de la escuela y Fausto, que casi nunca comía con nosotros, se sentó a la mesa y regodeándose de su jefatura me pidió con descaro que le sirviera alimentos. Lo hice sin hablar y esperé... Esperé con paciencia.

Esa tarde, cuando salió, me aventuré a seguirlo. Fue a un hotel de lujo y se metió al bar. Era un sitio oscuro y solitario. Me percaté de cuán cerca estaba de sorprenderlo en un acto ilegal. Él era famoso, no podía exponerse a las miradas indiscretas de sus seguidores. Permanecí afuera durante treinta minutos escondida, con gran nerviosismo, pero me desesperé y eché un vistazo al interior del lugar. Lo vi en un rincón abrazando a una mujer delgada que parecía llorar; él le besaba el rostro, bebiéndose sus lágrimas en un acto de compasión y ternura. La ira me consumió. Fausto jamás había tenido conmigo una actitud tan afectuosa.

Los besos de la pareja pasaron a la boca. Se entregaron con la pasión de dos novios enloquecidos. Entonces Fausto levantó sus manos hasta el pecho de su querida y comenzó a manosearla. ¡Era demasiado! Quise preparar la cámara fotográfica, mas en mi agitación la dejé caer. Recuperé las piezas y salí del bar para sentarme a componerla en un sillón cercano. A los pocos minutos también salieron ellos. La mujer giraba la cabeza como cerciorándose de que nadie la observara. Por su falta de soltura, supe que era casada. Fausto se dirigió a la recepción del hotel con intenciones obvias de alquilar un cuarto. Su amante se rezagó para disimular. Arreglé torpemente la cámara y comencé a enfocarlo. En el cuadro del visor no se apreciaba nada que pudiera comprometerlo: sólo un hombre de perfil, charlando con otro detrás de un mostrador. Esperé... La mujer caminó hacia la sala donde yo me encontraba. Esa misma curiosidad femenina que hizo a la esposa de Marcelo salir del cuarto de fotocopiado para verme, me obligó a permanecer sentada dos metros frente a ella. Era una señora flaca y demacrada. Llevaba un vestido floreado que se le entallaba groseramente a su esquelético cuerpo; sus escasas curvas la hacían parecer como una de esas modelos anoréxicas. Me sentí aún más afrentada. ¿Qué atractivo pudo haberle visto mi esposo a esa calavera andante?

En cuanto Fausto terminó el trámite, la enclenque y demacrada mujerzuela se levantó para alcanzarlo. Volví a enfocar la cámara.

Cuando pasaron a mi lado, ella me descubrió tratando de fotografiarlos; se tapó la cara con un movimiento brusco. Fausto se asustó, no tardó en reconocerme y regresó para desafiarme:

—¿Qué haces aquí? —dijo dándome un empujón que me sentó de nuevo en el diván. Quise gritar, llamar la atención de los presentes, dejarlo en ridículo públicamente como él había hecho conmigo unas horas antes, pero no pude. Le tenía demasiado miedo. Tomé mis cosas y salí de ahí corriendo. Conduje por las calles sin saber qué hacer. No tenía fotografías para inculparlo, pero sí su correspondencia privada y mi testimonio.

No faltaría algún periodista al que le interesara entrevistarme. Di la vuelta en un crucero y me dirigí a las oficinas de la televisora nacional.

Olga Nidia culminó esa parte del relato sudando y retorciéndose los dedos.

Le pedí que se comprometiera a escribir en distintas hojas las anécdotas más dolorosas de su vida, y las perlas de sabiduría que pudiera extraer de ellas.

Le dejé el teléfono de mi casa por si tenía alguna duda y anoté el suyo en mi carpeta de trabajo.

Cuando, tres días después, volví a visitarla, me sorprendió encontrar abierta la puerta principal de su casa.

Toqué el timbre. Nidia apareció caminando con cautela. En la comisura de sus labios se adivinaba ese fruncimiento que aparece cuando se alargan de forma interminable los momentos de tensión.

—¿Te ocurre algo? —pregunté.

—Sí... —susurró—. Fausto acaba de llegar. Vino por ropa.

—¿Está aquí?

—Sí. No ha querido deshacer su closet. Es una excusa que usa para entrar y salir cuando le da la gana.

El gigantón agresivo que semanas atrás había estrellado la cabeza de su exmujer en el embaldosado, apareció. Me clavó su mirada fría y caminó hacia nosotras con parsimonia.

—Vaya, vaya —cantaleó con voz fúnebre—: Tenemos visitas otra vez. Si no me equivoco, usted andaba por aquí el otro día.

12

NEGOCIANDO EL DINERO

Extraje de mi bolso una tarjeta de presentación sin poder evitar que la mano me temblara. Se la ofrecí. Fausto se acercó para tomarla. La leyó con un exagerado tono de locutor.

—¡Tenemos presente a Blanca Bermúdez, psicóloga especializada en terapia emocional! ¿Se le puede preguntar a la eminencia qué rayos busca aquí?

Carraspeé.

—Estoy realizando un servicio. Mi labor es ayudar a las personas que han sufrido una pérdida a reorganizar su vida.

Sonrió desdeñoso y giró la cabeza a un lado. Luego se volvió hacia mí para reprochar:

—¿Así que ahora, además de a los abogados, hay que pagarle también a un oportunista que vive del dolor ajeno?

Sin duda, el sujeto era capaz de perturbar a cualquiera.

—Usted no le diría eso a un médico, ¿verdad? —inhalé para tratar de recobrar seguridad—. Pues es algo parecido. Yo no exploto a personas afligidas, las ayudo. Y me pagan por ello, es cierto, pero de esa forma ahorran dinero.

—¿De veras? —volvió a su risa sardónica—. Si la contrato, ¿cómo ahorraré dinero?

Dudé en seguirle el juego. Al menos había logrado captar su atención.

—Cuando dos personas se han declarado la guerra —le dije—, no pueden negociar bien porque tienen demasiadas heridas abiertas. Para eso están los "moderadores". Yo soy uno de ellos.

Su rostro imperturbable me hizo sentir como una profesora que intenta dar la clase en un salón equivocado.

—Qué original... —se burló.

—¿Por qué no se sienta y trata de calmarse? Tú también, Olga, por favor.

Me atreví a cerrar la puerta detrás de mí y a dirigirme al sillón de la sala. Tomé asiento fingiéndome tranquila, aunque estaba temblando por dentro.

Fausto, quizá por curiosidad, sin abandonar su gesto distante, se sentó y cruzó una pierna. Olga Nidia prefirió quedarse parada cerca de la puerta.

—A ver —comencé sin saber por dónde—, su exesposa lleva varios días trabajando conmigo. Estoy enterada de toda la problemática.

—¿De toda? —se rio—. Lo dudo mucho.

—Usted no vino esta mañana a recoger ropa —me aventuré—. Vamos a sincerarnos: ¿Por qué está aquí, señor Fausto?

—Estoy aquí porque supe que esa mujer levantó cargos en mi contra y quiero pedirle que se retracte.

Ella se adelantó con la cabeza en alto y los brazos a los lados ligeramente abiertos.

—Y si no lo hago, ¿qué? ¡Ya no te tengo miedo!

—¡Cálmate, bruja! He estado pensando en lo que hice la otra noche y comprendí que no estuvo bien.

Ni Olga ni yo pudimos asimilar la antítesis que estábamos oyendo. Aproveché para tomar las riendas.

—En el trabajo de recuperación decimos que vivir una ruptura es como sufrir un accidente de envenenamiento: Las personas intoxicadas presentan síntomas como mareo, vómito, *shock*, confusión mental y asfixia. A ustedes les ocurre algo similar. El veneno los hace alternar distintos estados críticos: se insultan, lanzan golpes desesperados y se quedan aletargados en una depresión sistémica. Deben tomar el Contraveneno y estabilizarse para poder negociar. Es lo único que importa ahora.

A Olga no parecían impresionarle más mis metáforas, pero Fausto frunció el entrecejo y ladeó la cabeza como hacen los cachorros cuando tratan de entender las primeras instrucciones de su amo.

—Negociar es lo único que importa... —repitió sin apartar de mí su mirada indagadora—, ¿y que debemos negociar?

—La disolución su empresa.

—Continúe.

Esa palabra era todo lo que necesitaba. Tragué saliva y comencé:

—El matrimonio está enmarcado por muchas bellas sutilezas, pero viéndolo estoica y profanamente, no es sino la instauración de una empresa. Así de simple: El negocio que emprendieron juntos fracasó. Cuando una sociedad quiebra, los accionistas, por lo común, se sientan a convenir los términos del cierre. En este caso las cosas se complican un poco porque es difícil determinar cuál ha sido la aportación de capital de cada uno y hay elementos invaluables e indivisibles como los hijos. Sin embargo, por más complejo que parezca, necesitan llegar a un acuerdo pacífico. Las agresiones legales y económicas pueden convertir el proceso en una pesadilla. No malgasten su patrimonio en ese tipo de revanchas. ¡Siéntese a dialogar!

—¿Solos? ¿Empíricamente? ¿Sin abogados?

—Bueno. Ustedes no fueron a un juicio para casarse. Tampoco deberían hacerlo para separarse.

—Eso es utópico.

—Quizá. Pero si contratan abogado, busquen uno honrado, con experiencia en derecho familiar, que pueda negociar con el abogado de su cónyuge, que litigue en caso necesario y acceda a lograr acuerdos convenientes para ambas partes, aunque no le reporten a él mayores utilidades. Si su abogado fomenta los sentimientos negativos, deben recordarle que él es sólo un asesor legal y que las decisiones finales las tomarán ustedes. Aunque tengan un apoyo jurídico, reúnanse los dos para discutir punto por punto, eliminando los factores emocionales. Existen tres temas cardinales a tratar: El dinero, la patria potestad y las reglas de trato para el futuro.

Medí con un vistazo las inquietudes del ambiente. Olga Nidia había avanzado hacia la sala, pero sin abandonar su posición desconfiada. Fausto observaba callado. El silencio de ambos me otorgaba tácitamente la autorización para proseguir.

—Con frecuencia, estos tres puntos se convierten en temas álgidos e irreconciliables, porque los negociantes pierden la perspectiva de lo importante y se obsesionan con pequeñeces. Muchos hombres tratan de seguir controlando a sus exesposas y muchas mujeres tratan de quitarles todo a sus maridos... Discuten tanto por los centavos y por cosas materiales nimias, que se ven imposibilitados para concretar sobre los bienes de verdadero valor. No vale la pena librar una batalla psicológica cuyo costo es altísimo.

Fausto descruzó la pierna y se inclinó hacia delante. Era una clase equivocada, pero el alumno más difícil parecía haber empezado a interesarse.

—De modo que el matrimonio es una empresa y el divorcio una cierre de actividades —musitó con una mueca neutral—. Nunca lo había visto así.

—Lo es —confirmé—. Ahora entienda esto: En una negociación sana, ambas partes deben perder algo y ganar algo. Aquí, por ejemplo, los dos ganan libertad de acción, pero pierden una parte de su dinero y de sus hijos.

—¡De nuestros hijos! —se alarmó Nidia.

—¿Y del dinero? —murmuró Fausto.

—Sí. Ahora tendrán que compartir su dinero y sus hijos, viviendo separados.

—Siga hablando del dinero —propuso él.

Evidentemente, cada uno enfatizaba el tema que más le preocupaba. Como Fausto era el pupilo rebelde, lo complací.

—En un divorcio —concreté—, hay que aceptar de antemano una pérdida económica. Es más fácil negociar cuando se han hecho a la idea de que perderán dinero. Si, por ejemplo, una cierta cantidad servía para que viviera la familia, al separarse ya no será suficiente esa suma; muchos gastos que antes compartían, se duplicarán. Quizá requerirán uno punto cinco veces más, pero si sólo cuentan con lo mismo, las dos partes deberán estar de acuerdo en reducir su presupuesto y abstenerse de algunos lujos que se daban cuando vivían juntos.

—Y los bienes inmuebles y las cosas ¿Se reparten por partes iguales?

—No necesariamente. Dicen los estadistas que el cuarenta por ciento de las madres divorciadas no reciben una pensión alimenticia para sus hijos y el sesenta por ciento restante, sólo recibe un setenta por ciento de lo acordado. Eso significa que los hijos de padres separados tienen muchas carencias. A la larga, la mujer viuda o divorciada siempre es la más perjudicada en el aspecto económico. Por eso los hombres no deben castigarlas en sus testamentos o planes financieros.

—¿Eso qué significa?

—Que en un divorcio, la repartición de los bienes no debe hacerse al cincuenta por ciento. El cónyuge con menor capacidad de generar ingresos debe quedarse con una porción mayor de esos bienes. ¡Y no con intenciones de conservarlos, sino de venderlos! En un verdadero proceso de sanidad después del divorcio, ambos excónyuges deben vender su casa, sus muebles y hasta sus adornos para mudarse a un lugar completamente nuevo. Todas las cosas que nos rodean —giré para mostrarlas con la mano extendida—, están impregnadas de recuerdos. ¡Deben deshacerse de fotografías y bienes materiales significativos! Si, por comodidad, intentan reiniciar una nueva etapa cargando con floreros, cuadros, camas, colchas o cortinas, de la etapa anterior, les costará mucho trabajo rehabilitarse por completo, ensuciarán su presente y le harán un gran daño a sus posibles relaciones afectivas del futuro. Un divorcio es "borrón y cuenta nueva", y deben empezar por desaparecer todos los activos del ayer para comprar otros. ¡Siéntense a negociar con cabeza fría! He visto a muchos cónyuges que, por no hacerlo, terminan destruyéndose a través de terceros.

Olga y Fausto se miraron durante unos segundos.

—No estoy de acuerdo —protestó Fausto—. Durante quince años de matrimonio, casi todo lo he comprado *yo*. Olga no tiene por qué quedarse con la mayor parte.

—Quizá usted haya comprado todo —accedí—. Pero no está tomando en cuenta que ella, durante esos quince años, aportó un trabajo que no le fue remunerado jamás y que por su naturaleza emocional, es de un valor incalculable. Si se le pagara a la mujer lo justo por ser madre, por orientar y proteger a sus hijos, por amar y cuidar su hogar, por consolar y apoyar a su marido, quizá los papeles económicos estarían invertidos.

—A ver —alegó—. Esto no me cuadra. Si estamos haciendo la disolución de un negocio, debemos hacer un inventario real de las cantidades que aportamos cada uno para hacer la repartición final.

—Exacto. Así que no se complique. Abra sus cartas en la mesa. Muestre con transparencia cuál es el saldo de sus cuentas bancarias, sus inversiones en bienes raíces, acciones o ahorros. Si ustedes están casados por bienes mancomunados la mitad de toda esa riqueza le pertenece a ella, sin importar a nombre de quién esté. Pero, aún si su régimen conyugal fuera separación de bienes, moralmente a ella le corresponde al menos la mitad de lo que hayan capitalizado. Un hombre que se digne de serlo jamás deja desamparada a sus hijos y a la mujer que fue su esposa.

Olga apretaba las manos contra su vientre, mientras Fausto miraba las alacenas. El silencio se prolongó. Recordé a las gemelas cuando llegué con mi esposo a esa casa por primera vez. Me preguntaron si les traíamos dinero al fin. No era difícil adivinar que él la manipulaba enviándole de vez en cuando una cantidad tan exigua que hasta las mismas pequeñas se daban cuenta de su importancia.

Olga Nidia esperó ansiosa la reacción de su exmarido, pero ésta se demoró demasiado.

—¿Qué opinas? —le preguntó ella.

—No lo sé.

Su semblante de esperanza se fue trastocando en desengaño; después en ira.

—Me lo imaginaba. Tienes un corazón de piedra.

—¿Tú qué sabes de mis sentimientos? Siempre has sido buena para suponer y adivinar, pero no eres paciente para escuchar.

—¡Adelante! —gritó—, ¡te estoy oyendo! ¡Si tienes algo que decir, dilo!

Él caminó hacia la ventana. Estuvo varios minutos mirando el jardín trasero de la casa. Nidia se enfureció.

—¿Lo ves? —me dijo—, esto es inútil. Yo me largo de aquí.

Tomó las llaves del coche y salió de la casa.

Me puse de pie.

Fausto entonces regresó hasta colocarse frente a mí. Me sentí amedrentada por su estatura, pero sobre todo, por su deliberada cercanía. No respetaba mi espacio personal.

—Hable con Olga —me dijo en un tono más demandante que suplicante—, convénzala de que detenga su venganza.

Me quedé estática.

13

DIFERENTES VERSIONES, DIFERENTES VERDADES

Me pareció extraño: Siendo Fausto un hombre tan visceral y arrogante ¿me estaba pidiendo ayuda a mí? Algo debió ocurrirle en los últimos días que lo hizo llegar al límite de sus fuerzas.

—Usted parece una moderadora competente —diagnosticó—. Aunque me pregunto por qué mantiene una actitud precavida... casi defensiva frente a mí...

Balbucí alguna incoherencia, pero el hombre levantó la mano tratando de darme confianza.

—Descuide. No la culpo. Si ha charlado con Olga un buen rato, tendrá suficientes razones para odiarme —abrió sus manos y las volvió a unir junto a su barba como en una oración extemporánea—, ¿qué le vamos a hacer? Al menos me gustaría decirle algunas verdades que, con toda seguridad, ella omitió.

Su exesposa había echado a andar el motor del coche, pero no se animaba a embragar la reversa para irse. Quizá regresaría en cualquier momento

—Adelante —asentí—, explíqueme.

—Venga —me invitó a la cocina buscando un refugio más privado—. ¿Nos sentamos?

Acomodó una silla en una actitud caballerosa y esperó a que tomara mi lugar para hacer lo mismo. Me impresionó su seguridad y su sangre fría. Pocas veces, como aquella, me he sentido intimidada frente a un hombre. Su personalidad era cautivadora,

84

casi magnética. Comprendí por qué lo admiraban las muchachas como Patricia.

—Hace varios años —inició con voz profunda—, trabajé en una manufacturera. Aunque ganaba poco, ahorraba y planeaba el futuro con mucha ilusión. Olga Nidia era muy ambiciosa y le enfadaban nuestras carencias económicas. Alicia, su hermana mayor, estaba casada con un opulento empresario. Con frecuencia, Olga hacía comentarios sobre nuestra mala suerte y la buena fortuna de otros. Protestaba porque no tenía casa propia ni un refrigerador grande, porque no salía de vacaciones, porque no podía manejar un coche más moderno, porque no pertenecía a un club deportivo... Su materialismo llegó a extremos insoportables: gastaba sin consideración y comprometía las tarjetas de crédito hasta el tope. Razoné que, como empleado, nunca iba a lograr la riqueza material que ella me exigía, así que formé un grupo musical para animar fiestas. Lo llamé "Nueva perspectiva". Al principio, como en cualquier negocio, hubo que invertir: pagar licencias, propaganda, comprar uniformes e instrumentos. Eso la desquició. Pregúntele cuáles eran los sobrenombres que usaba para dirigirse a mí: Bohemio, pobretón, soñoliento, zángano, iluso, haragán... Yo le explicaba que estábamos en época de siembra, que tarde o temprano llegaría la cosecha, pero ella no dejó de humillarme. Pidió ayuda económica a su hermana Alicia y buscó empleo. Como logró tener más dinero que yo, aumentó su altivez e independencia. Varias veces, en nuestras discusiones, me corrió de la casa y me dijo que no me necesitaba... Mi cuñadita empezó a darle dinero, a comprar ropa y juguetes caros a mis hijos. Nidia me restregaba todo eso en la cara...

Escuchamos que el motor del carro se apagaba. Quizá Olga se arrepintió de su intento de huir. Ella era quien parecía, esta vez, asediante y amenazadora.

—Cuando descubrimos que no podía embarazarse —continuó el hombre—, el carácter se le agrió aún más. Pensamos que si adoptábamos a un niño, las cosas cambiarían.

—¿Y qué me dice de sus agresiones físicas y de su... —iba a decir promiscuidad, pero cambié el término—, de sus deslices sexuales fuera de casa?

Fausto sonrió como si supiera que abordaría el tema.

—Claro —mostró las palmas hacia arriba—, era obvio. Olga le comentó que yo veía pornografía, que andaba con otras mujeres e incluso que alguna vez la forcé a tener relaciones. Se lo dice a todos. Es como su disculpa favorita, pero a nadie le comenta que ella casi nunca me dejaba tocarla. ¡Yo le suplicaba para que hiciéramos el amor y ella ponía miles de excusas! Siempre le dolía la cabeza, se hallaba exhausta o estaba menstruando. Cuando me veía desesperado, hablaba de "condiciones". Se entregaba a mí sólo a cambio de algo, pero ni así me mostraba cariño. Era superficial, grosera y pasiva, como una muñeca de trapo que se vende por dinero y manipula a su esposo con interés mezquino.

Moví la cabeza contrariada. No cabe duda de que en un problema de ruptura, cada parte posee su propia versión y el disertante siempre tiende a atenuar las culpas propias y agrandar las ajenas. Cuando dos personas rivalizan es imposible saber quién tiene la razón.

—Nunca se entregó de verdad a mí —la voz se le deformó—. Y, sí —asintió varias veces parpadeando—, lo reconozco: Comencé a tener escapes fuera del matrimonio y a gastar en prostitutas de lujo, pero ¿sabe? Cuando estaba con alguna de ellas *alguien* cuidaba mis heridas sin reclamarme, *alguien* me pasaba la mano por la frente, invitándome a cerrar los ojos, a relajarme, a olvidar; me daba un masaje y se entregaba a mí sin condiciones. Era sólo una entrega física, artificial, comprada, pero de igual manera en mi casa tenía que "comprar" a mi esposa para hacer el amor y el servicio que Olga me daba era más caro y de menor calidad —sonrió—, nadie puede olvidar que estamos en una época de competencia... En fin. Jamás sentí mi hogar como una isla de paz ni como un oasis de amor. Al contrario, mis preocupaciones aumentaban apenas llegaba a él y se esfumaban en cuanto me alejaba.

—¿Eso lo justificaba para desquiciarse con su esposa al grado de casi degollarla un día?

—Cometí errores graves, no lo niego, pero analice el contexto: Unos meses después de grabar mi primer disco con canciones originales, alcancé un triunfo abrumador, me volví famoso de la noche a la mañana y entonces, sólo hasta entonces, ella cambió conmigo. Se hizo aduladora. ¡Nunca lo había sido antes! Me negué a aceptar su falsedad. No podía olvidar los malos tratos que me dio durante tantos años. Además, señora —subió la voz como si algo de importancia hubiese estado a punto de escapár- sele—. ¡Detesto a los familiares políticos y a los amigos que se comportaron groseramente conmigo cuando yo no era nadie y comenzaron a hacerme halagos cuando logré el éxito! Alguna vez, mi suegra me echó en cara que nuestra casa era una pocilga, que yo era un pobre diablo y que había hecho infeliz a su hijita, pero en cuanto me volví famoso y rico, comenzó a elogiarme. ¡Nunca le perdoné su hipocresía! Compré esta hermosa casa y comenzamos a darnos lujos. Le pedí a Olga que dejara de trabajar, pero se negó de forma rotunda ¡porque se enamoró de su jefe! Un día, sin más ni más, me dijo que habían mantenido relaciones sexuales en la oficina, ¿lo puede creer? Yo me volví loco de rabia. Estallé por dentro. Sí, me degradé. Comencé a emborracharme. Nunca antes lo había hecho. A partir de entonces hice las peores barbaridades. Todo se vino abajo... Entonces ocurrió lo de nuestro hijo Román. No sé si Olga ya se lo contó. Justo cuando atravesamos por el dolor de un divorcio inminente... —carraspeó—, me parte el alma tan sólo de recordarlo.

El talante seguro y llamativo de Fausto se había achicado hasta la contextura de un hombre arruinado. Pude detectar cómo manaban de él verdaderas radiaciones de tristeza. Era curioso, pero la animadversión que me había inspirado minutos antes se había trocado en tolerancia.

Me recordé a mí misma de adolescente, rebelándome por la ausencia de mi padre. "Nunca lo vemos", le dije a mamá un día. "Es un personaje ausente que sólo aporta dinero; me desagrada ser su hija". Entonces, mamá me tomó de la mano para llevarme en transporte público hasta los hornos de fundición donde papá trabajaba. Vi con asombro la extenuación de aquellos hombres y sentí el infernal calor del ambiente. Cuando reconocí a mi padre, sentí deseos de llorar: estaba bañado en sudor, ennegrecido por el hollín, coordinando a otros hombres para mover crisoles de metal líquido, arriesgando su vida. Lo contemplé trabajar por un largo rato, luego regresé a la casa con mi madre y nunca más volví a protestar por la ausencia de papá. Yo, como adolescente defendía una verdad, sin conocer la verdad de mi papá.

Nidia y Fausto experimentaban el mismo problema: Ambos, enemigos acérrimos, veían un objeto desde diferente ángulo y se injuriaban mutuamente por no coincidir en sus apreciaciones.

Alerté mis sentidos. El hombre retomó el hilo de su monólogo de manera gutural.

Olga Nidia siempre ha tenido un defecto supremo: habla demasiado. Es incapaz de guardar un secreto o esperar el momento propicio para sacar lo que tiene en su cerebro. Suelta cuanto piensa sin medir las consecuencias. Así fue como me confesó su adulterio ¡y lo mismo hizo a los niños! Habló con ellos largamente respecto a la supuesta promiscuidad de su papá. Ellos dejaron de hablarme.

Una tarde, Román se acercó a mí y me preguntó:

—¿Estás viendo cosas sucias en la computadora?

—No, hijo —le dije—, ven acá, compruébalo tú mismo. Estoy trabajando. Lo que te ha dicho tu madre no es cierto.

El niño jugó con el *mouse* antes de volver a preguntar:

—¿Entonces ella nos ha mentido?

—Quizá. Como hemos tenido discusiones, está tratando de que ustedes no me quieran.

Él me miró con desamparo.

—Yo todavía te quiero.

La rivalidad entre Olga y yo llegaba a su punto más álgido en los niños. Román siempre fue el más perjudicado. Traté de recuperar su confianza llevándolo conmigo a los conciertos de vez en cuando. Confieso que todo eso le produjo una mayor confusión. No sabía a quién apoyar. Si a su padre o a su madre.

Cierta noche, a la hora de la cena comentó:

—Mis amigos del colegio se fueron a la playa de Tuxpan, Veracruz para festejar el fin del año escolar. Quisiera que me dejaran ir.

—¿Pero no dices que ya se fueron? —saltó Nidia—. ¿Por qué no pediste permiso antes? ¿Pretendes viajar solo?

—No, mamá. Un compañero y su hermano mayor van a alcanzar al grupo. Seremos tres. ¿Me dejarías ir? Por favor...

—¡De ninguna manera! —dijo ella—. Es peligroso.

Como siempre, Olga se estaba encargando de relegarme. Román caminó hacia mí y me pidió apoyo en secreto.

—¡Claro que puedes ir! —le dije de forma grandilocuente—, aunque tu madre esté en desacuerdo.

No pregunté si, en efecto, era peligroso, si había algún maestro responsable de la excursión o si el hermano del amigo tenía la prudencia y capacidad para manejar hasta la playa; sólo me interesó el hecho de que Olga le había negado el consentimiento y que el niño aún me consideraba el jefe de la casa.

—¡Momento! —intervino ella palmoteando sobre la mesa—. ¡Román no irá a la excursión! ¡Eso ya lo he decidido *yo*!

—¿Y desde cuándo resuelves las cosas de nuestros hijos tú sola?

—Desde que renunciaste a educarlos y a cuidarlos. Eres un padre mediocre.

—Te equivocas —contesté—. Román y yo somos amigos. Compartimos secretos. Cuando los niños tengan problemas serios, acudirán siempre a mí y no a su madre histérica, ya lo verás.

—¿Sabes qué? —soltó el dardo decisivo al fin—, quiero divorciarme. Lo nuestro ya no tiene sentido. Demandaré la patria potestad de los tres niños y nunca más volverás a verlos.

Para sorpresa de todos, Sandy, corrió a abrazarme.

—Yo no quiero dejar de ver a mi papá.

—¿Te das cuenta? —dije recibiendo a la niña con el brazo derecho—. Hablemos claro de una vez. Tú conoces el poder económico que tengo ahora. Si te empeñas en separarme de mis hijos, voy a gastarlo todo, por vías legales e ilegales, para dejarte en la miseria. ¡Lo haré!, ya lo verás.

Sandy comprendió mi amenaza y volvió de inmediato al regazo de su madre. Nuestros tres hijos habían comenzado a llorar. Román, entre sollozos, articuló unas frases de sorprendente lógica para su edad:

—¡Por eso quiero irme al viaje! ¡Necesito descansar! Pero no me gustaría hacerlo con el permiso de uno nada más. Necesito que los dos se pongan de acuerdo. Como antes.

Olga Nidia y yo contemplamos sin hablar durante unos segundos la zona de desastre que habíamos provocado alrededor. Los niños habían visto escenas monstruosas que, con toda seguridad, les causarían pesadillas y les amargarían la vida para siempre.

—Está bien, Román —le dije al primogénito—. Puedes ir a la excursión. Tu madre está de acuerdo ¿verdad, Olga?

Miré a mi esposa. Ella asintió.

Román organizó su ropa en un santiamén y llamó por teléfono a su amigo. A las ocho de la noche pasaron por él. Nidia y yo nos asomamos a despedirlo. El conductor del coche era un joven de cabello largo y aspecto desarrapado. El hermano manejaba el aparato de sonido con música rock a todo volumen. Tuve la premonición de que algo muy grave estaba a punto de ocurrir. Olga también lo sintió, pero ninguno de los dos nos atrevimos a desdecir el permiso que habíamos otorgado.

A las dos de la mañana nos llamaron por teléfono. Era la policía federal de caminos. Los jóvenes habían tenido un accidente en la carretera.

14

CONTRAVENENO PARA NIÑOS

No pude contenerme y pregunté:

—¿El niño está... bien, ahora?

Asintió con pesadez.

—Está vivo, pero no sano.

Me abstuve de seguir cuestionando. El dolor que manaba de sus poros se cristalizaba en el ambiente como una neblina acre. Yo había caído en el peor error de un consultor: Dejarme afectar por los conflictos que escuchaba. Incliné el rostro con tristeza y compasión.

Escuchamos la puerta del automóvil que se cerraba y después pasos en el interior de la casa. Olga Nidia había decidido regresar.

En un arranque de indiferencia ilógica, como para tratar de ocultar sus sentimientos, Fausto comenzó a filosofar.

—Puedo decir —afirmó—, que aunque los hijos presencien o incluso provoquen en la pareja algunas discusiones, ellos nunca son los causantes de un divorcio: Siempre son las víctimas. ¿No lo cree usted así?

Trataba de cambiar el tema para no enfrentarse a su necesidad de limpiar las heridas profundas y todavía en carne viva de su corazón.

—Los hijos de divorciados —declaré—, tienen menos defensas contra enfermedades y ataques del medio, son menos firmes en sus convicciones y más fáciles de manejar por gente malintencionada... No importa cómo se realice la separación familiar, ellos sufren daños psicológicos *en todos los casos*.

Olga Nidia entró a la cocina y se refugió detrás de la parrilla para *tepanyaki*.

—¿Y esto? —preguntó Fausto de manera huidiza refiriéndose a mi material—, ¿qué es?

Abrí el álbum de trabajo y extraje una mica que usaba para las conferencias. La puse en el centro de la mesa y la leí en voz alta.

En la actualidad existe una epidemia de dimisión paterna. La dimisión ocurre cuando el padre o la madre renuncia al sacrificio de dar tiempo y cuidado a sus hijos, en aras de su propia realización. Este fenómeno se incrementa en las familias separadas.

La tragedia paralela más grave del divorcio es el abandono infantil.

Los esposos divorciados deberían ser excelentes padres, incluso mejores que si viviesen juntos, pues están obligados a compensar el terrible inconveniente que producen a los niños con su separación.

Si usted y su pareja van a divorciarse, tomen en cuenta a sus hijos y planeen la forma de darles la noticia. Diseñen un nuevo plan de vida y plantéenselos. Eso los ayudará a que no sufran incertidumbre respecto a su futuro. Muéstrense tranquilos frente a ellos y háganles sentir que cuanto están haciendo es lo mejor para todos. Sean honestos.

Si la separación es definitiva háganselo saber. Pueden preguntarles qué les gustaría, pero no esperen que los niños tomen decisiones de adultos. Ellos no deben verse inmiscuidos en conflictos de amor y lealtad entre ambos padres.

Fausto analizó el escrito. Nidia fue al fregadero y se sirvió un vaso con agua.

—Hicimos todo al revés —dijo él e insistió después—. ¿Ahora qué nos recomienda?

—Usted y Olga deben asumir sus obligaciones *ya*. Pónganse de acuerdo para seguir educando a sus hijos de forma coordinada. Con el divorcio se termina su matrimonio, pero nunca su paternidad. Ambos deberán permitirse convivir libremente con los niños sin celos ni envidias, pero, sobre todo, ambos funcionarán como "padres" completos, brindándoles normas, responsabilidades y enseñanzas (no sólo regalos o premios).

Nidia tragó el buche de agua y quiso protestar, pero la voz se le fusionó a un carraspeo evasivo. Fausto la miró de reojo con repulsa. Se volvió hacia mí y preguntó:

—¿Entonces, independientemente de quién se quede con la custodia de los niños, voy a tener que seguir viendo a esta... —se contuvo y culminó—, mujer?

—Así es. Debe proponérselo, sobre todo si no se queda con la custodia. La mayoría de los padres externos buscan salir con sus hijos *sólo* durante el primer año después del divorcio y los van abandonando paulatinamente hasta que dejan de hablarles e incluso de proveerles apoyo económico. No he tenido la oportunidad de ver a Román, pero hace varios días conocí a las mellizas y las encontré en un estado de temor y desamparo.

—¿Y cómo voy a coordinarme con Olga en la educación de los niños si detesto verla?

—¡No menos de lo que yo detesto verte a ti!

—¡Tranquilos! —intervine como un réferi—. Si se aborrecen al grado de no querer hablar entre ustedes ni siquiera para organizar el futuro de sus hijos, estamos en un problema, porque ustedes no pueden dejar a los niños desamparados. Ahora no estamos hablando de dinero, sino de personas inocentes que dependen de ustedes para recuperar la paz. Comprendan esto: todos en la familia comienzan una nueva etapa. Ustedes van a tener que aprender a verse de manera diferente. Ya no se relacionarán como pareja, ahora serán "socios permanentes" de un nuevo negocio en el cual el capital son los hijos.

—¿Socios... *permanentes*? —preguntó Nidia cual si estuviese a punto de sucumbir a la náusea—, me gustó lo de analizar la ruptura como una empresa en disolución, porque estamos cerrando los libros, pero eso de abrir un nuevo compromiso para toda la vida con alguien por quien siento todo lo contrario al amor, simplemente no lo puedo aceptar.

—¡Ojalá sintieran, el uno por el otro, lo contrario del amor! Sería lo ideal para asociarse en un negocio así. Lo contrario del amor no es el odio, sino la indiferencia —aclaré—. Tarde o temprano la sentirán. Mientras tanto esfuércense por ponerse de acuerdo. Si van a hablar de los hijos, no se permitan desviar el tema hacia ustedes. El matrimonio fue en el ayer y ese libro está cerrado. El cuidado de los niños está en el libro actual; es un asunto del presente. Deben diseñar algo así como un nuevo pacto en la forma de educarlos y sacarlos adelante, hablen con ellos, explíquenles el futuro y háganlos conocer el decálogo de los hijos de padres divorciados.

Hojeé el álbum de trabajo, saqué otra cuartilla enmicada y se las extendí.

—Aquí está —él la tomó primero para leerla, después la dejó sobre la mesa y Nidia se acercó a echarle un vistazo—. Cada niño debe entender, si es preciso memorizar y sobre todo, aplicar los diez puntos de este decálogo.

Por este medio declaro comprender y aceptar que:

1. No soy culpable de la separación de mis padres. El divorcio es un problema de adultos, que yo no provoqué y que, por consiguiente, tampoco está en mis manos resolver.

2. No abrigaré falsas esperanzas de que mis padres vuelvan a unirse. Respeto sus decisiones aunque no las comprenda o no esté de acuerdo con ellas. Entiendo que el divorcio es permanente.

3. Mis padres me aman. Han decidido vivir separados para no discutir frente a mí, ni crearme tensiones. Dejan de ser esposos, pero seguirán siendo siempre papá y mamá.

4. Aunque viva con uno de mis padres, eso no significa que perderé al otro. Por el contrario; nuestra relación será más íntima, pues saldremos juntos a solas periódicamente.

5. Nunca hablaré mal de alguno de mis papás. Jamás me prestaré para decir chismes, insultos o recados entre ellos. Respetaré a mi padre ausente y obligaré a quienes me rodean a hacer lo mismo.

6. No me avergonzaré de provenir de una familia separada. Comprendo que todas las familias son distintas y no hay nada de malo en que la mía lo sea.

7. No me sentiré agredido ni obsesionado por los errores que mis papás cometieron en el pasado... Comprendo que ellos no son perfectos y si me lastimaron sin querer, los perdono.

8. Viviré la niñez con alegría. No me dejaré abatir por los problemas de adultos.

9. No me sentiré culpable por amar a uno de mis padres y manifestarlo en presencia del otro. Tampoco me sentiré desleal por amar a mis nuevos padrastros o hermanastros.

10. No me convertiré en papá de mis papás. Les daré todo mi apoyo y comprensión, pero no cargaré la responsabilidad de resolver sus conflictos.

En cuanto terminaron de leer, enfaticé las ideas. Los vi seguir mis palabras, como dos alumnos que, al no poder escapar, se dan a la tarea de tratar de comprender al profesor que llegó por error a su salón.

—Como pueden ver, es un pacto que compromete a los adultos también. Si los hijos aceptan el decálogo, es sólo porque ustedes aceptaron que lo respetarán: No pueden hacerlos sentir culpables de su separación; no deben consolarlos con mentiras; están obligados a cultivar un vínculo más íntimo saliendo a solas con cada uno de forma regular; no pueden tratar de desacreditar al excónyuge, crear chismes o mandar recados; no deben mostrarse deshechos o desmoralizados al grado de transmitirles pánico o sensación de incapacidad para salir adelante, y sobre todo, no deben pelear nunca más enfrente de ellos...

Fausto resolló un par de veces antes de preguntar:

—¿Y si Nidia y yo volvemos a hacer nuestras vidas, los niños corren algún peligro con sus hermanastros o padrastros?

—Sí. Déjenme decirles tres puntos relevantes: Primero, ustedes no deben buscar otra relación afectiva, sino hasta que hayan asimilado todo el Contraveneno, y se hayan recuperado por completo. Segundo, el bienestar de sus hijos es de primordial importancia para cada decisión que tomen durante su divorcio porque los afectarán para toda la vida. Y tercero, en efecto, los pequeños corren un peligro latente cuando viven en familias combinadas. La gran mayoría de los incestos se dan así. Todos los meses se reportan casos de padrastros, hermanastros y nuevos parientes que abusan sexualmente de un niño, niña o jovencita con el que conviven.

Fausto abandonó su silla y vagabundeó por la cocina durante un rato, luego movió la cintura y el cuello como si quisiera desentumirse de un largo viaje.

—¿Dónde está Román? —cuestioné a bocajarro.

Olga contestó de inmediato.

—En una clínica de fisioterapia.

La aclaración posterior tardó mucho en hacerse. Fue Fausto quien se animó a hablar. Me había dado la espalda arrebatándome así la condición de interlocutora y dejándome como una oyente pasiva.

—La noche en que Román salió de viaje con sus amigos nos informaron que el conductor del auto había muerto y que nuestro hijo estaba muy grave, en la Cruz Roja de Poza Rica. Llamamos a la hermana de Nidia para que cuidara a las gemelas y nos trasladamos a esa hora. Durante todo el trayecto, fuimos injuriándonos mutuamente sin hablar...

Comprendí a lo que se refería. Los más terribles y viscerales discursos de reclamo no requieren palabras: se dicen con la actitud, se transmiten a base de vibraciones álgidas y se injertan como proyectiles en el corazón.

—Cuando llegamos a Poza Rica —continuó Fausto—, vimos el coche en el que viajaron los jóvenes. Estaba deshecho. El frente se encontraba sumido hasta la cavidad de los asientos delanteros, los vidrios habían estallado y el toldo aplastado por completo, anulaba la posibilidad de que un cuerpo humano cupiera entero en el interior. Lo sorprendente no era que hubiera fallecido uno de los ocupantes, sino que los otros dos permanecieran con vida... Según nos explicaron, el conductor perdió el control del vehículo y se precipitó a un barranco en plena montaña. El hermano menor resultó, entre otros menoscabos de menor importancia, con una fractura de cráneo que puso su vida en peligro durante varios meses. Román por su parte quedó atrapado entre los hierros del coche... Milagrosamente, a pesar de haberse doblado en un ángulo imposible, su columna vertebral y su médula espinal estaban intactas... pero... —sufrió un *shock* que le bloqueó las palabras por un rato; al fin se controló para decir—: La lámina le prensó ambas piernas.

El aire se había enrarecido con emociones que parecían solidificarse como una lluvia de plomo sobre nuestros hombros.

—Alquilé los mejores servicios de primeros auxilios y una avioneta equipada transportó a Román y a su amigo al mejor sanatorio de la capital. Fue ahí donde nos enteramos de la magnitud de sus daños.

Se detuvo. Sin duda los recuerdos confluían en ulceraciones que no deseaba mover. Caminó hasta su silla que estaba frente a mí y se dejó caer en ella. Siguió hablando con voz de ultratumba:

—No hubo forma de unir los huesos, músculos, nervios y tendones rotos a los dos miembros inferiores colgantes que habían rescatado de entre los hierros machacados. La vida de Román peligraba y los médicos decidieron amputarle ambas piernas. Olga y yo tuvimos que firmar la responsiva.

Fausto se apertrechó detrás de sus manazas de estibador. No había reparado en la magnitud de sus dedos, hasta que los puso como barrera para ocultar su rostro. Sin duda le eran útiles al tocar la guitarra, pero quizá se habrían encallecido, muchos años atrás, realizando tareas más rudas en la manufacturera.

—Mi hijo estuvo en terapia varias semanas con dos muñones en vez de piernas, el izquierdo debajo de la rodilla y el derecho en la parte media del muslo. Nidia y yo, lejos de unirnos por el incidente, intensificamos impulsiva y ridículamente nuestros pleitos. Nos culpábamos, nos gritábamos y agredíamos frente a familiares, médicos y enfermeras. Incluso, cierto día, ella golpeó a una de mis admiradoras que había llegado al sanatorio para darnos sus condolencias, ¿lo puedes creer? No te imaginas cómo nos han quemado las llamas del mismo infierno aquí en la Tierra.

—Momento —quiso defenderse ella—, ¿por qué no les cuentas también lo que haces con esas admiradoras?

—No tiene caso discutir más.

—¿No tiene caso? Pero a mí sí me dejas en ridículo, ¿verdad?

Algunas emociones contradictorias me habían invadido. Mi hijastra Patricia pertenecía a ese grupo de adeptas tan cruelmente vilipendiadas por la exesposa del artista. ¿A cuántas personas podemos idolatrar sin conocer el trasfondo de su vida personal?

—Se me hace tarde —dijo Fausto con actitud de derrota, poniéndose de pie—. Tengo que ir a comparecer. Alguien levantó una demanda en mi contra.

Olga Nidia permaneció impasible. No estaba dispuesta a retractarse de los cargos que había presentado.

El gigantón me extendió la mano derecha para despedirse. Sentí un musculoso pero suave apretón.

¿Por qué el hombre torbellino parecía ahora tan menoscabado? ¿A qué se había referido cuando me pidió que lo ayudara a convencer a Nidia de suspender su venganza?

—¿Podemos reunirnos dentro de ocho días —sugerí—, para trabajar otra vez, los tres juntos?

Ninguno respondió.

—Les daré la dirección de mi despacho —comenté—. ¿Nos vemos ahí...?

—Mejor en esta casa —sugirió ella—, me siento más cómoda.

—Aquí nos vemos entonces el próximo sábado a las nueve —concedí.

Me acerqué a Fausto poniéndome al frente con la misma impertinencia que él había tenido al robarme mi espacio minutos atrás.

—Procure venir —le dije.

Sonrió al detectar mi evidente emulación y asintió sin decir palabra.

15

MARCO DE MISIÓN

Durante esa semana mi esposo, su hija Patricia y yo cenamos juntos varias veces. Me preguntaron por qué estaba tan callada. Preferí no darles explicaciones. No todavía. Aunque sabía que muy pronto iba a tener que hablar a solas con mi hijastra respecto a ciertos pormenores de su artista favorito.

Una noche fui a mi recámara y me puse a escribir.

Soy consejera, pero he cometido errores graves. También mi alma ha estado envenenada durante años.

Fausto y Olga:

No he podido dejar de pensar, ni en la tragedia de su hijo Román, ni en la crudeza de su separación familiar.

Detecté en ustedes un dolor atroz, proveniente de las llagas que aún tienen en carne viva. No los culpo. Quisiera decirles que los comprendo.

Mi primer matrimonio fue regular. Con altibajos, como cualquier otro. Tuvimos un hijo a quien llamamos Waldo. Cuando iba a cumplir diez años, nació su hermanita. La niña tenía parálisis cerebral.

La alegría en nuestra casa se esfumó. Ninguno pudo asimilar ni aceptar el hecho. Con el tiempo, me convertí en una madre obsesiva, me volqué en el cuidado de la pequeña y descuidé las necesidades de mi esposo y de Waldo. Además, como los medicamentos de la niña eran caros y el tratamiento complejo, nuestros recursos económicos se agotaron.

Mi esposo se sentía impotente ante la desgracia de su hogar, y estaba furioso con Dios por que le había mandado una niña inválida. Entonces comenzó a beber y se fue de la casa. Buscó otra mujer… Waldo, que ya era un adolescente, abandonó los estudios y se unió a una pandilla.

Como pueden imaginarse, mi mundo se derrumbó. Desalentada, me volví comedora compulsiva, engordé y descuidé mi arreglo personal.

Mi niña creció en esa caricatura de hogar. A pesar de su condición mental aprendió a leer y a escribir con enormes trazos zigzagueantes. El día que cumplió diez años, me redactó una pequeña carta que decía:

Sé que mi papá y mi hermano se fueron de la casa por culpa mía; yo hubiera querido no nacer así. De verdad. Sólo he provocado tristeza a mi alrededor. Mamá, a veces quisiera morirme. No deseo seguir haciendo a la gente infeliz...

Como si las palabras de la pequeña hubieran sido proféticas, poco tiempo después, tuvo una terrible crisis de salud y perdió la vida.

Entonces me quedé sola, desesperada, inconsolable.

Waldo vivía con la pandilla. Mi marido había desaparecido del mapa. Seguí comiendo en exceso y comencé a beber.

Un día, me llamaron por teléfono para decirme que mi hijo había recibido cuatro heridas de bala en una riña y se hallaba al borde de la muerte.

Yo estaba borracha. A pesar de mi intoxicación alcohólica comprendí el mensaje. Quise ir al hospital, pero me di cuenta que no podía ponerme en pie. Tuve la sensación más dolorosa y terrible de fracaso que he sentido jamás. Varias horas después, logré vestirme y fui a ver a Waldo.

Estaba inconsciente.

Horas después salí del hospital y fui directo a la central de autobuses. Compré un boleto hacia cualquier parte e hice un viaje para tratar de ordenar mi mente.

Esa noche, me descalcé en una extraña playa de arena rasa, enmohecida, fría, repleta de cangrejos, en mar abierto, totalmente solitaria. Tuve la sensación interna fuerte, certísima de la presencia de Dios. El ser supremo a quien podemos percibir con exactitud en lugares naturales como ese, del Dios que no es idea, sino presencia real, que nos llama con un magnetismo irresistible, a quien advertimos vivo con una grandeza inconmensurable... Entonces hablé en voz alta:

—Señor, Perdóname... Nunca valoré la belleza de mi hija especial, nunca comprendí que ella, lejos de traer problemas a la casa atraía bendición, jamás descubrí que era una enviada tuya para darnos a todos la oportunidad de aprender a servir y a amar sin condiciones... Perdóname Señor, hoy reflexiono que todo cuanto los seres humanos poseemos es prestado. Te pertenece a ti y tienes el derecho de retirárnoslo cuando lo desees. Postrada, reconozco tu grandeza y mi pequeñez... Nada es, ni ha sido mío: ni mis hijos, ni mi dinero, ni mi casa, ni este cuerpo que habito, ni aún mi propia vida. Entiendo mi miseria y tu gracia. Eres el dueño de todo... No te hace falta nada, pero a veces nos quitas las cosas para que las valoremos. Te pido perdón por el tiempo que desperdicié; te doy las gracias por esa niña que me prestaste durante unos años y te suplico que dejes vivir al único hijo que me queda. Por favor, pon tu mano sanadora sobre su cuerpo y cúralo...

Observé el ocaso bañada en lágrimas y entendí, después de la oración, que formaba parte de ese Dios enorme y poderoso como una gota de agua forma parte del océano... Me sentí dichosa, impactada, impresionada, al saber que, él me escuchaba.

A partir de ese momento comencé a rehabilitarme, a adelgazar, a tomar cursos y a participar en grupos de autoayuda. Waldo se restableció y algunos años después se casó. Yo también lo hice. Ahora me dedico sólo a dar terapias y a dirigir sesiones para personas que han vivido crisis similares.

Como pueden ver, he padecido mucho dolor... También viví la infidelidad de mi marido, un divorcio, la muerte de una hija, la opresión de la codependencia y créanme, no fue fácil superarlo. Nunca lo es, por ello, lleguen al fondo de las cosas.

Tal vez el accidente de su hijo los torture e incluso a veces los haga desquiciarse. Tal vez usted, Fausto, no pueda vivir con la culpa por haberle permitido al niño ir a la excursión y a ti Olga, quizá te consuma la idea de que debiste oponerte con más fuerza, pero quiero que comprendan esto de una vez: El accidente de Román nunca hubiera podido evitarse. Formaba parte de su misión vital.

Olga y Fausto: En el tema de las tragedias y de la vida posterior a la muerte no hay nada comprobado científicamente. Todo lo que sabemos es por fe y sólo existen dos posturas que podemos asumir. UNA: Los seres humanos somos víctimas del caos, o DOS: Existe un Ser Supremo infinitamente poderoso que nos da una misión para nuestro crecimiento espiritual.

En lo personal, me apego a la segunda opción.

Si ustedes hacen lo mismo, deben aceptar que Román nació para vivir trece años con piernas y el resto de su vida sin ellas.

No hay casualidades y ustedes no pueden culparse por haberle dado permiso de ir a ese viaje.

Recuerden esto:

A las circunstancias fuera de nuestro control se les llama "marco de misión". Un niño con síndrome de Down tiene un "marco" prede-terminado; una persona nacida en el Polo Norte a quien la vida lo ha llevado a dirigir a los esquimales, tiene un "marco" designado; un hijo de padres virtuosos de la música, guiado a desarrollar esa habilidad desde pequeño, tiene un "marco" ya establecido. Todos podemos forjar una historia personal, sembrando y cosechando acciones, pero siem-pre dentro del marco señalado. Somos arquitectos de nuestro propio destino en unos parámetros asignados. ¡Abran los ojos de una vez! Hemos sido creados con un propósito y ¡entiendan!: La adversidad nos prepara y nos acerca más a él... Cuando se pregunten dónde pueden hallar su misión en la vida, volteen a ver los problemas que tienen. ¡Ahí está el marco donde se les está pidiendo actuar! Si nos hacemos a un lado por cobardía, hallaremos tristeza, llanto, desaliento, coraje; todo, excepto realización.

Es comprensible que lloren, pero deben alejarse mentalmente de la tragedia, para ver el panorama completo. Si ustedes están a dos milímetros de distancia de un árbol, pensarán que el tronco lo es todo, pero si salen del bosque y echan un vistazo aéreo para comprobar el *espectáculo general de su existencia, la magnitud de ese árbol será muy relativa.*

Los seres humanos estamos diseñados para no sentir dolor después de cierto límite. Cuando el padecimiento físico o emocional llega a ese punto máximo, ocurre un bloqueo... Eso significa que el dolor, cualquiera que éste sea, es soportable para nuestras fuerzas. Lo único que puede convertirlo en insufrible es la rebeldía y la rabia por no aceptar nuestro marco de misión.

Estamos llamados a ser almas superiores.

Somos barro en el torno del alfarero... un mural a medio dibujar. En ocasiones el Artista decide borrar una línea de nuestra vida y saltamos con enfado reclamándole: "¿por qué lo hiciste? ¡Era mía, yo estaba encariñado con ella!" Pero no entendemos que era solo una raya guía y que él necesitaba borrarla para trazar otra mucho más hermosa y definida.

Cuando ocurren tragedias, lo mejor es asumir por fe, la filosofía de la trascendencia: hemos sido creados a imagen y semejanza de Dios con el cometido de aprender y madurar, la misión de dejar una huella de amor y servicio, la convicción de que esta vida terrenal es sólo un fragmento de nuestra existencia eterna y todo cuanto nos ocurre, bueno o malo, a la larga sirve para nuestro crecimiento y edificación.

Dejen de lamentarse y levanten la mirada para volver a vivir. En forma personal digan:

Señor. Ya no quiero seguirte reclamando, ya no quiero seguir preguntando ¿por qué? Ahora he entendido que la pregunta debe ser ¿para qué? Dios mío, ¿cuál es tu plan? Mis caminos no son los tuyos y me desespero al no poder comprobar hacia dónde nos llevas, pero tengo fe. Creo que si permitiste vivir a mi hijo, es porque tú quieres que él todavía haga algo en este mundo... Si me has permitido vivir a mí y a mi excónyuge después de nuestra separación, es porque todavía tenemos una misión inconclusa...

Vean la vida desde esta nueva óptica y se encontrarán con grandes sorpresas... Dios siempre guía y bendice a sus hijos que lo buscan. Él siempre consuela el corazón contrito de quien invoca su nombre.

Les parecerá extraño que les escriba todo esto, pero lo hago por una razón de peso: estoy convencida que es imposible lograr la liberación total si no existe reconciliación espiritual; es imposible hacer "borrón y cuenta nueva" en sus vidas a menos que se perdonen mutuamente, y es imposible el perdón legítimo si no es a través del amor supremo del Creador.

16

ÁRBOL DE LA VIDA

—Qué sorpresa —le dije a Fausto—. Casi estaba segura de que no vendría.

Acababa de alcanzarme en la acera después de estacionar su auto detrás del mío.

—El león no es como lo pintan —contestó con voz neutra, aunque pude detectar cierta pesadumbre en su talante.

Tocamos a la puerta. Olga nos abrió de inmediato.

—Pasen —dijo como único saludo y se internó en las recámaras con la prisa de quien ha dejado una conversación telefónica a la mitad. Fausto y yo entramos a la casa, desconcertados.

—¿Cómo salió todo en la semana? —le pregunté para romper el hielo y me atreví a tutearlo—. ¿Atendiste tu citatorio?

—No.

—¿Por qué?

—Me sentía desganado.

Parecía un enorme jugador de fútbol americano reprendido por el árbitro.

—¿Cómo que te sentías desganado? ¿Eras un "citado" y hoy eres un "prófugo"?

—Sí... Estoy harto...

—¿Qué te pasa?

Acortó la distancia de su actitud.

—Doctora Blanca, también te voy a tutear si no te molesta. ¿Sabes por qué no pude negociar con Nidia cuando abordamos el tema del dinero? Porque me encuentro arruinado.

—¿Cómo?

La desesperanza legítima lo ensombrecía.

—Cuando Olga me confesó su infidelidad yo perdí la cabeza, fui a la compañía en la que ella trabajaba e hice un escándalo impresionante. Bueno, pues ahora, los dueños de la empresa han entablado una demanda contra mí. Argumentan daños y perjuicios; me hacen acreedor de una lista de cargos que ni siquiera sabía que existieran. Dicen haber perdido, por mi causa, un grupo de clientes importantes y quieren obligarme a pagar las supuestas mermas millonarias.

Lo observé desplomado en el sillón. Me recordó la litografía del gigante egoísta abrumado por la comprensión postrera de que sus arrebatos habían ahuyentado a todos los niños del jardín. Era un cuadro triste, pero positivo a la vez. La humildad es el único estado del alma que da pie al verdadero crecimiento.

Nidia llegó hasta la sala y tomó asiento. Saqué la carta que había redactado y les di una copia a cada uno.

—Escribí algo para ustedes —comenté—, es mi testimonio personal: Léanlo cuando estén a solas —lo tomaron sin decir nada—. En este momento —proseguí—, vamos a iniciar un nuevo ejercicio del Contraveneno —extraje un paquete de impresos en triplicado—. Voy a leer el documento en voz alta. Sigan conmigo la lectura.

El divorcio no es un acontecimiento repentino; se inicia antes de iniciar los trámites legales y se prolonga por mucho tiempo después. Tiene cuatro etapas:

1. ANTICIPACIÓN

Uno de los dos cónyuges comienza a considerar el rompimiento definitivo; se crea un ambiente de divorcio psicológico; se prepara el terreno y se busca asesoría. La anticipación puede durar, desde unos meses, hasta muchos años. Hay parejas que han anticipado su divorcio toda la vida y nunca llegan a la siguiente fase.

2. CONCRECIÓN

Aquí se concreta la separación física, ambos la comunican a los amigos y familiares; el divorcio privado de la primera etapa se hace público en esta segunda.

3. TORMENTA

Aquí a los divorciados les sobrevienen diferentes estados de ánimo tóxicos como la negación (¡esto no me puede haber pasado a mí!), la depresión (¡una tristeza enorme me asfixia!) y la ira (¡ese infeliz me las va a pagar!).

4. REORGANIZACIÓN

Se consigue negociar con cabeza fría, llegar a acuerdos sanos, perdonar y tener paz.

—¿En qué etapa creen encontrarse ustedes? —pregunté.

—En la tercera —aseguró Fausto.

—Exacto —contesté—. En la tormenta, sus vidas están hechas un caos. Ha llegado el momento de actuar en forma ordenada para salir de ahí.

Olga echaba esporádicos vistazos a la ventana.

—Vamos a revisar cada área de su vida para "desatorarla". ¿Estás de acuerdo, Nidia? —le pregunté tomándola por sorpresa.

—¿Eh?, ¿mande?

—¿Te ocurre algo?

—No, no, disculpa.

Pero sí le ocurría, porque sus ojos se movían hacia el mismo punto con la pertinaz insistencia de una aguja imantada que busca el norte geográfico.

Le di la siguiente mica para que la leyera en voz alta obligándola a atender. Lo hizo sin pausas ni dicción.

TORMENTA

Es común que la tormenta provoque un estado de luto, y la persona abandone su trabajo, descuide compromisos profesionales, pierda dinero, fracase en los estudios, dañe su físico y rebaje su posición social. Esto ocurre porque ha confundido el sufrimiento con las funciones de su vida.

Ambas cosas deben separarse de manera tajante.

Comprenda:

La lesión de su alma es profunda y traumática. Duele como una herida física y sanará con el tiempo. Mientras tanto, debe llevarla consigo, en silencio, a todas partes.

Por otro lado, aunque se encuentre en plena tormenta, usted debe analizar su nueva realidad, organizarse para volver a ser productivo y ordenar su vida.

No ponga como excusa el dolor de su corazón para seguir justificando su caos funcional. Deje de inspirar lástima o parecer mártir. No exhiba más su pena y actúe.

A continuación conocerá las áreas prácticas de todo ser humano. Replantéese metas para cada área. El equilibrio le devolverá la paz. Su herida emocional seguirá doliendo, pero trátela como un asunto aparte, privado y secreto. La vida continúa. Deje de lloriquear y ponga manos a la obra.

Olga terminó de leer y se volvió de nuevo hacia la ventana.

—¿A quien esperas? —pregunté.

—A nadie.

—Ha llegado el momento de reorganizarse —insistí—, eso les dará fortaleza y ustedes necesitan estar muy fuertes porque aunque vivan separados, el medio ambiente seguirá atacándolos.

—¿Más ataques? —se burló ella—. ¡Ya no, por favor!

—Pues sí —respondí—. Aunque lo que voy a decir suena cruel, es la verdad, Olga Nidia: Existe el mito de que cuando las mujeres divorciadas están tristes, es porque les hace falta satisfacción sexual. Por ello son tan acosadas, y burladas. De igual modo, el hombre divorciado es visto en la sociedad como alguien que fracasó como líder de su hogar. Ambos deben ponerse una coraza protectora y estar organizados, tener objetivos claros y luchar por ellos sin dejarse intimidar. En la tercera página del paquete hay una guía que les ayudará a plantearse sus propias metas. Vamos a seguirla.

Fausto se inclinó para poner atención. Sentí agrado y hasta cierta simpatía por su actitud. Era un hombre explosivo, lleno de defectos, pero también sencillo y deseoso de salir de los escombros producidos por el huracán.

Comencé a leer con ellos.

Imagina que tu vida tiene tres partes, igual que un árbol:

1. DIMENSIÓN PÚBLICA, representada por el follaje. Es la parte más visible: las hojas, las ramas y los frutos. En esta dimensión das la cara a la sociedad y demuestras públicamente de lo que eres capaz con...

a. Tu trabajo, funciones y puesto

b. Tus ingresos económicos

c. Los grupos sociales a los que perteneces

d. Tus amistades

Plantéate metas claras en la dimensión pública. Tal vez debas arreglar tu situación fiscal o legal, renunciar a clubes o cargos inútiles, hacer las paces con enemigos potenciales, cultivar nuevos amigos más constructivos, etc.

2. DIMENSIÓN DE SOPORTE, representada por el tronco del árbol. Es la estructura sólida que carga el peso de las ramas, (en la que se sustenta la dimensión pública). Cuando el tronco falla, todo se viene abajo. El tronco es tu fortaleza física y mental: Para derribar a una persona corta su tronco:

a. La salud del cuerpo

b. La salud de la mente

c. Los conocimientos y educación

Plantéate metas claras en la dimensión de soporte, quizá necesites ir al médico, hacerte chequeos físicos, tomar vitaminas, comer más sanamente, hacer ejercicio, abandonar hábitos nocivos como alcohol o cigarro, ir a una terapia emocional, realizar un postgrado, tomar cursos, leer más libros, etc.

3. DIMENSIÓN SECRETA. La parte que nutre y da vida a todo el árbol son las raíces... Es un área oculta, invisible y secreta, pero encargada de fortalecer al árbol y darle los elementos vitales. Tu dimensión secreta está conformada por:

a. La vida amorosa y sexual

b. Las relaciones familiares

c. La relación con Dios

Plantéate metas claras en tu dimensión secreta, tal vez necesites propiciar una reconciliación familiar, hablar a solas con tu pareja, dar verdadero tiempo de calidad a tus hijos, comenzar una vida de verdadera oración, buscar un lugar fijo para alimentarte espiritualmente o hablar de tu fe...

DIMENSIÓN		ÁREA
PÚBLICA		· Profesional · Económica · Social
DE SOPORTE		· Salud física · Preparación mental
SECRETA		· Familiar · Afectiva · Espiritual

Terminé de explicar el árbol de la vida cuando se escucharon ruidos en el vestíbulo exterior. Alguien tocó el timbre. Ninguno de los tres nos movimos de nuestro asiento. A la anfitriona correspondía abrir la puerta, pero permaneció quieta como si supiera de antemano la clase de demonio que estaba llamando y se hubiese arrepentido de haberlo invocado.

—¿Le hablaste a la policía, verdad? —dijo Fausto—. Me tendiste una trampa.

Ella no contestó. Era evidente.

—¡Eso hiciste! ¡Soplona! —el hombre enfurecido se puso de pie empujando el sillón hacia atrás y dejando caer el paquete de hojas—. ¿No te das cuenta de que estoy tratando de terminar con esto bien? ¡Quise cooperar y me denuncias! ¡Además de desagradecida —caminó hacia ella con el puño cerrado—, eres idiota! ¿Piensas que vas a intimidarme? ¡Pues te equivocas! Pagaré una fianza y estaré libre en dos o tres horas; pero regresaré para que arreglemos cuentas.

Dio la media vuelta. Derribó una mesita lateral de la sala; el vidrio de la cubierta se hizo añicos al chocar con el piso.

Apenas abrió la puerta, el micrófono acojinado con hule espuma de una televisora se introdujo. No era la policía, sino tres reporteros inquisidores que se hacían acompañar de camarógrafos con equipos móviles.

—Señor "X" —le dijo una joven llamándolo por su nombre artístico—. ¿Nos permite entrevistarlo? Supimos que hace algunos días golpeó a su esposa y la mandó al hospital. ¿Qué hay de cierto?

El ogro agigantado se achicó ante la presencia de los medios. Estaba siendo filmado. Miré a Nidia exigiéndole con el gesto una explicación. Ella se acercó a mí discretamente y murmuró abriendo los dientes apenas lo indispensable.

—¡Yo no les dije que vinieran, quizá fue mi hermana!

Fausto trató de cerrar, pero los reporteros se interpusieron formando un frente.

—Queremos una respuesta —insistió un sujeto con la entonación forzada de los cronistas novatos—. Sus seguidores necesitan desengañarse o saber cuáles fueron los motivos que tuvo para hacer algo así.

—Retírense —dijo él—. No tengo nada que declarar.

Empujó el micrófono y comenzó a cerrar. Los periodistas soltaron una batahola de preguntas inconexas, más con intenciones de agredir que de obtener alguna información.

—¿Es cierto que usa el Internet para buscar amoríos?

—¿Les dice a las chicas quien es usted cuando *chatea*, o usa un seudónimo?

—Las canciones de amor que compone ¿en quién se inspiran?

—¿A qué se debió su fracaso en el festival Acapulco?

—¿Es verdad que en un arranque de ira destruyó parte de su casa y el coche de su esposa?

Fausto perdió la ecuanimidad y les gritó:

—¡No se metan en mi vida personal!

—¿Por qué golpeó a su esposa varias veces y estuvo a punto de asesinarla?

—¡Déjenme en paz!

Hizo acopio de fuerza para empujar a los intrusos. No midió las posibles consecuencias de romper una cámara o lastimar a un reportero.

—¿Es verdad que usted propició el accidente que dejó inválido a su hijo?

—¡Lárguense!

17

LA TRAMPA

Fausto consiguió cerrar la puerta y se quedó bufando como un toro de lidia. Olga estaba encogida. Yo de pie, agarrotada.

—¿Qué fue esto? —cuestioné sin especificar a quién.

Fausto seguía resollando.

—Pregúntale a ella...

Me volví hacia Nidia sin poder evitar que mi semblante encrespado la inculpara por anticipado. Se retrajo como caracol en su concha y no quiso inventar una coartada.

—Esta víbora —completó Fausto con los ojos inyectados—, ha iniciado una campaña para desprestigiarme. Hace unas semanas apareció en un programa de televisión. Me avisaron de la disquera que distribuye mi material. Lo grabaron y me mostraron el video. Por eso llegué la otra noche tan furioso.

Comprendí el extraño acto en el que Fausto zarandeó frente Nidia un disco de video mientras la detenía por los cabellos. También comprendí la extraña petición de ayuda que el hombre me había hecho: "Hable con ella; convénzala de que detenga su venganza".

Fausto comenzó a caminar en círculos con una respiración acezante, propiciada más por la exaltación que por la fatiga. Se había mostrado dispuesto a encarar a los policías, pero daba vueltas como leopardo malherido ante la inminencia de seguir siendo hostigado por los medios televisivos. Recordé que Olga Nidia, durante su testimonio, lo había descrito de forma similar (un león replegado que muy pronto atacaría de forma sanguinaria). Si antes no pensó en escapar de la justicia, ahora, con toda obviedad deseaba escapar de las cámaras. Salió al patio trasero de la casa y examinó el perímetro de la barda haciendo cálculos. Nidia aprovechó para caminar por el pasillo interior y apertrecharse en una de las recámaras. Me llamó:

—Ven. Fausto es muy peligroso cuando se pone así.

A esas alturas dudaba quién de los dos era el más peligroso.

Caminé tras ella. Cerró la puerta de la habitación y se dejó caer sobre una mecedora de madera, tapizada con cachemir churrigueresco.

—Mi hermana… —murmuró…

—No mientas —la enfrenté parándome enfrente, a dos metros de distancia—. Alicia no pudo haber enviado a los periodistas por sí sola. ¿Cómo iba a saber la hora exacta en que Fausto estaría aquí?

Olga bajó la guardia y sonrió como el chiquillo que trata de atenuar un pecado venial.

—Eres muy observadora.

Quise contestar "y tú muy mentirosa", pero me controlé. Se meció en el balancín de la silla antigua y continuó hablando sin ponerle inflexión alguna a su voz:

—En la mañana hablé con el comandante Prado. Me informó que Fausto no se presentó a comparecer y ahora tendrán que aprehenderlo.

—¡Ya veo! Y tú le dijiste que vinieran por él. ¡En realidad trataste de hacer coincidir a los policías con los reporteros para que filmaran la detención! ¿Verdad? ¡Por eso no quisiste que nos reuniéramos en mi oficina! Él tiene razón. No querías negociar, sino tenderle una trampa.

Dejó de mecerse y me miró.

—¡Tú no sabes todo lo que Fausto me ha hecho durante los últimos meses! ¡Eso y más se merece!

Se puso de pie para abrir los cajones del tocador con movimientos rápidos, tal vez tratando de hallar sus tranquilizantes clandestinos.

—Fausto y yo estamos enemistados a muerte —musitó—. Me hace una y se la devuelvo, le hago otra y me la devuelve. Ahora le toca a él.

—¿Pero por qué? —le pregunté ya sin mucha vehemencia—, ¿cómo han alargado tanto tiempo esta sucesión de venganzas? Tú fuiste por primera vez a la televisora cuando descubriste la infidelidad de Fausto en el hotel, y ¿apareciste en un programa la semana hace poco? ¡No lo entiendo! ¿Tardaron tanto tiempo en entrevistarte?

Discretamente siguió buscando las pastillas hasta que las halló y comenzó a juguetear con ellas como si fueran una papa caliente. Extendí la mano mirándola inexorablemente. Me las entregó y volvió a sentarse en la silla barroca.

—Los noticieros serios no dan entrada fácilmente a quienes desean atacar a otros —aclaró—. Y es lógico. Imagínate cuánta gente acude a los medios de comunicación deseando desquitarse de sus enemigos personales. Para mi sorpresa, me cerraron las puertas en todos los programas importantes, pero mi solicitud se quedó ahí durante casi un año y hace poco me llamaron a participar en un *talk show*.

Caminó hacia las ventanas del cuarto y, como un soldado agazapado que trata de ubicar al enemigo, se asomó para espiar a su exesposo que estaba en el patio trasero de la casa. Movió la cortina y se ocultó detrás de ella al mismo tiempo. Continuó explicando sin abandonar su labor de centinela.

—Titularon el programa: "esposas de famosos bravucones". Inicialmente me negué a participar, pero Fausto incurrió en una nueva traición que revivió mi ira y acepté acudir al foro... Las panelistas éramos cinco mujeres dispuestas a atacar públicamente a los hombres que en privado nos habían agredido: la esposa de un exgobernador, la amante de un deportista golpeador, la mujer de un pintor bisexual, la esposa de un cantante alcohólico y yo... Un verdadero grupo feminista en busca de la expiación machista. Nos desahogamos por turnos. Al final del programa recibimos muchas felicitaciones por parte de los productores. Habíamos logrado una dulce venganza desenmascarando a figuras públicas y el programa había repuntado sus registros de audiencia.

—Y se puede saber —protesté—, ¿cuál fue la "traición" de Fausto que te motivó a hacer eso?

—Espérame aquí un momento.

Quitó el candado y salió de la habitación. A los pocos minutos regresó con un sobre arrugado. Volvió a cerrar la puerta y comenzó a alisar el documento.

—Después del accidente en carretera —explicó acariciando el sobre recién traído, como si se tratara de una valiosa prueba para justificar su odio—, mi hijo Román se hallaba sumido en una depresión profunda. En su mente de joven con ambas piernas amputadas, había constantes ideas suicidas. Las niñas pasaron a un segundo plano en nuestra desmembrada familia. Un día, Fausto llegó con la novedad de que existían ciertas prótesis cibernéticas que se implantaban en Alemania. Me dijo: "Se pueden ir ajustando al crecimiento del niño y son tan sofisticadas que le permitirán volver a caminar como antes". Él tenía suficiente dinero como para sufragar los gastos de una operación así. Román lloró de alegría cuando lo supo, pero Fausto me dijo que yo no podía ir con ellos a la clínica del extranjero. No me explicó por qué. Tuvimos otra riña. Finalmente cedí y le entregué a nuestro hijo para que él se hiciera cargo de llevarlo. Un mes después regresaron. Le habían puesto otras piernas hechas con servomecanismos de aluminio, forradas de una piel muy similar a la humana; el único problema era que Román seguía en silla de ruedas y lloraba por dolores punzantes que antes no tenía. "Necesitará estar varios meses en una clínica de fisioterapia", me informó Fausto. "Esto lleva tiempo, pero valdrá la pena". Entonces le pregunté: "¿Y tampoco puedo ir a la clínica?". "No", me contestó, "no puedes; yo me haré cargo de todo". Accedí nuevamente pensando que era por el bien de mi hijo, pero hace quince días, llegó una invitación a la casa.

Me extendió el sobre cerrado para que lo abriera. Era una carta membretada por la asociación de médicos fisioterapistas. Desdoblé el papel esquela que contenía y leí el texto:

Algunos médicos de nuestro grupo han tenido el honor de convivir con usted y con su apreciable esposa durante los últimos meses. Creemos que el empeño y la calidad humana que han demostrado como pareja durante el tratamiento de su hijo Román serán recompensados con creces en la rehabilitación del niño. Deseamos por otro lado, invitarlo, como artista honorable, al baile anual que realiza nuestra asociación para la recaudación de fondos.

—No entiendo —comenté sin terminar de leer las formalidades conclusivas.

—¡Date cuenta! ¡Se equivocaron de dirección y la mandaron aquí! Le dicen a Fausto que han convivido con él y "con su apreciable esposa" durante los últimos meses, ¡pero yo nunca he ido con él a tales convivencias!

—Olga, sigo sin comprender. Ustedes están *divorciados* —enfaticé—. Él puede andar con otra mujer sin tener que informártelo.

—Estamos en litigio —corrigió.

—De cualquier forma, su matrimonio se terminó.

—Sí, pero ¿no te das cuenta? ¡Fausto me prohibió ir con ellos a Alemania porque *otra mujer* los acompañó! Lo investigué. Es trabajadora social y ahora voluntaria en fisioterapia. ¡Ha cuidado a mi hijo durante todo este tiempo sin que yo lo supiera!

—¿Y para qué?

—¡Fausto pretende casarse con ella y reclamar la custodia de Román! Los tribunales tomarán en cuenta, tanto mi indiferencia en la difícil transición médica del niño, como los desvelos y el esmero de la advenediza para ayudarlo a recuperarse.

—Y... y... —trastabillé sintiendo el frío implacable de la comprensión tardía—. ¿Conoces a esa mujer?

—Sí. Es la misma señora esquelética de vestidos floreados con la que lo sorprendí en el hotel cuando lo quise fotografiar. Como sabe que Fausto adora a su hijo, ha tratado de ganarse el amor del niño para quedarse con el papá. Es una tipa sin escrúpulos. Ignoro su nombre, pero conozco su apodo. Se trata de la "Dulcinea" que se carteaba con él por Internet desde hace meses. No dudo que antes se haya autonombrado "Voluptuosa", ¿te acuerdas? En aquella orgía cibernética de la que te platiqué, donde Fausto se hizo llamar "erótico" y yo "atrevida"... "Voluptuosa" Pobrecita. La flaca está más plana que una viga.

—¿Cómo sabes todo eso?

—Investigué el domicilio de la clínica y visité a Román. Estaba con ella. Lo ayudaba a hacer unos ejercicios sobre dos barras paralelas. Los vi abrazarse y reír. La rabia me carcomió de nuevo. Esperé en la calle hasta que saliera. Caminé detrás y le grité desde lejos: "¡Dulcinea!" Volteó rápidamente, con temor. Me reconoció y echó a correr. Entonces regresé a la casa y llamé al programa televisivo para informarles que sí me presentaría.

Bajé la mirada contristada. Cada caso de separación familiar está lleno de recovecos sombríos, pero éste era algo especial. Confluían muchos problemas que sólo había escuchado aisladamente.

Afuera, los periodistas volvieron a tocar el timbre de la puerta principal. En verdad eran tenaces.

—Voy a decirles que se vayan —declaré dejándome llevar por el despecho.

Abandoné la habitación y me asomé al pórtico exterior. En efecto, los reporteros insistían en hostigar a los moradores de ese triste caserón. Abrí la chapa y les dije que debían ser respetuosos, les hablé sobre la enorme responsabilidad que tienen los medios de comunicación de difundir notas positivas y los insté a analizar el bien que habían hecho en su trayectoria de periodistas. Al principio trataron de rebatirme, pero como yo no era un personaje interesante, optaron por apagar sus cámaras y retroceder.

Cerré la puerta y respiré.

Olga que me había seguido y estaba parada junto a mí.

—Gracias —dijo una voz gutural.

Nos sobresaltamos.

Fausto se encontraba en un rincón de la estancia, detrás de la barra del bar. Se había servido una copa y la agitaba entre sus manos como quien mueve una taza de café caliente para que se enfríe. El alcohol parecía haber eclipsado su rabia.

Esta vez, los reporteros no usaron el timbre; golpearon la puerta con los nudillos. Me incorporé dispuesta a volver a hablarles, ahora de forma más definitiva.

Al abrir la puerta no hallé, como esperaba, las mismas caras imberbes. Esta vez se trataba de rostros más duros: El comandante Prado, escoltado por su séquito de policías judiciales.

—Permiso —pronunció, haciéndome a un lado.

Entraron sin decir más. Dos de los agentes se quedaron a la zaga, desenfundaron sus armas y las apretaron con ambos puños apuntando hacia el techo, otros dos se fueron sobre el artista que soltó el bolígrafo y dio un tremendo salto con intenciones de huir. Cuando iba a iniciarse una desventajosa pesquisa, Fausto se percató de que no tenía escapatoria y levantó las manos para entregarse.

El ademán de rendimiento no hizo que la retaguardia dejara de amenazarlo con sus armas ni que los apresadores se abstuvieran de obligarlo a poner las muñecas sobre su espalda.

Me sentí afrentada de forma personal, como si estuviese presenciando la captura injusta e innecesariamente ruda de un familiar.

Olga y yo caminamos detrás de la comitiva judicial, impresionadas por la escena. Por desgracia, los reporteros aún se encontraban en la calle.

18

MONO CIRCENSE

Los periodistas no tardaron en armarse, a su vez, con cámaras para filmar la aprehensión.

El hostigamiento del que fue objeto el cantante se intensificó.

Por un lado, los policías lo empujaron para meterlo a una patrulla y por otro, los periodistas le hicieron preguntas untándole en el rostro el cojincillo de los micrófonos.

Fausto sólo agachó la cabeza.

A los pocos minutos, todo había concluido. Temí que los cazadores de amarillismo se volvieran contra nosotras, pero me equivoqué. En cuanto la patrulla se alejó, los reporteros nos saludaron como diciendo "misión cumplida". Vi a Olga asentir en silencio. El detalle me asustó.

—No me mires así —comentó—. Te dije que mi hermana Alicia los invitó…

—Y les pagó… —supuse.

Algo en el panorama de la calle me incomodó, como cuando se llega a un sitio conocido y las cosas han sido movidas de su lugar, o como cuando se contempla un cuadro incongruente y no se puede precisar en qué consiste la anormalidad.

El mismo automóvil negro, diseñado y ensamblado en Europa que varios días atrás llegó a recoger a las mellizas, se detuvo silenciosamente frente al inmueble. Olga no se asombró al verlo. Corrió hacia él.

El chofer a quien César y yo informamos los pormenores de la primera riña que presenciamos, abrió la puerta trasera del auto.

Apareció una mujer con gesto arrogante. Olga Nidia la saludó de beso. Bajaron las dos gemelas; una de ellas había recuperado su curiosidad infantil y se asomaba para todos lados.

Me acerqué. Las confabulantes de la trampa platicaban entusiasmadas. Olga me presentó.

—Mira, hermana. Ella es la doctora Blanca Bermúdez. Terapeuta...

Alicia asintió sin darme la mano ni mirarme.

—¿Qué te pareció, Olga? —preguntó después—. Rematamos a Fausto ¿verdad? ¡Nadie volverá a comprar sus discos!

—¡Excelente!

El último reportero levantó la mano despidiéndose de Alicia antes de subirse a su auto.

—¿Se han portado bien mis hijas? —preguntó Olga Nidia cambiando el tema.

—De maravilla. Visitamos varios lugares esta mañana —juntó ambas manos en un lento aplauso—. Te trajimos una sorpresa, querida —le dijo al chofer que abriera la puerta del auto otra vez—. Fui al hospital de fisioterapia y hablé con el director para pedirle permiso de... ¿qué crees?

Olga dio un brinco de alegría y comenzó a tratar de ver a través de los cristales polarizados.

—¡No puede ser! ¿Trajiste a...?

—¡Sí! Me lo prestaron medio día. No fue fácil.

—¿Pero cómo? A mí apenas me han dejado visitarlo unos minutos.

—Ya ves, ¿qué harías sin mis influencias?

Dos personas más salieron del lujoso transporte: Una enfermera entrada en carnes ayudando a un muchachito que se apoyaba en su andadera de aluminio.

La figura de Román era extraña, pues ambas piernas daban la

apariencia de ser un poco más largas a las que corresponderían a alguien de su complexión. Los pantalones le quedaban zancones.

Olga se abalanzó sobre su primogénito llenándolo de besos en un arranque de efusividad que casi lo hace perder la vertical.

Sandy y Sindi, quienes no habían sido saludadas por su madre, observaron recelosas y después se desentendieron caminando hacia el interior de la casa.

—¡Pero qué barbaridad! ¡Qué gusto verte, Román! ¿Cómo te has sentido? Hijo lindo ¡no sabes cuánto te he extrañado! ¿Ya caminas mejor?

—Danos una demostración —propuso Alicia.

La enfermera le retiró el apoyo y se separó del chico poniéndose a tres metros de distancia. Román anduvo con movimientos firmes pero ligeramente robotizados. Al alcanzar su meta, las señoras aplaudieron cual si se tratara de un bebé de once meses que da sus primeros pasos. Era una escena triste. No pude evitar que la emoción furtiva humedeciera mis párpados.

Observé a la asistente rechoncha, y deduje que no podía ser la misma mujer esquelética, aspirante a la custodia de Román y de su padre. Fui descubierta en mis vigilancias. Agaché la vista. Alicia le dijo a su hermana:

—Todavía está pendiente el fallo respecto a la patria potestad de tus hijos y si los abogados de Fausto se enteran que estás viendo a un "loquero", pueden argumentar problemas de salud mental en tu contra.

Hice acopio de paciencia y guardé silencio.

La enfermera de Román me sonrió como pidiendo perdón por culpas ajenas. Ella y yo éramos, para la tía engreída, sólo un par de asistentes.

—¿A quién crees que llamé por teléfono esta mañana? —preguntó Alicia—. No me lo vas a creer: ¡A Marcelo! Quise animarlo a visitarte; le informé que tu exmarido te había golpeado y que estabas lastimada. Una nunca sabe. Quizá Marcelo se convierta en el verdadero amor de tu vida. Por desgracia, me contestó su esposa. Se negó a pasármelo. Traté de dejarle recado con ella, pero cuando apenas iba a la mitad del aviso, la muy vulgar me colgó.

—¿Cómo te atreviste a hablar con su mujer?

—En la vida hay que *atreverse*, querida. Encerrada, no conseguirás nada.

—Todavía no estoy lista para una nueva relación.

—¿Por qué no? Fausto te controla a ti y a los niños. Si tuvieras otro hombre verías cómo tu exmarido sale corriendo y los deja en paz.

Me pareció una charla impropia no sólo por proferirse en medio de una terapia de salud mental que marcaba directrices opuestas, sino por el simple hecho de estar siendo escuchada por el hijo adolescente. La enfermera rolliza pensó lo mismo. Jaló a Román con discreción para apartarlo de ahí, pero el chico se negó.

—Sé de buena fuente —continuó Alicia—, que Marcelo y su esposa tienen problemas serios. Créeme, querida. Debes ponerte lista.

No lo pude soportar. ¿Alicia estaba gestionando la destrucción de otra familia? Tanta imprudencia rayaba en la estupidez.

—Un momento —intervine dirigiéndome a la hermana con voz firme—, Olga y Fausto tienen nuevas reglas para continuar con su separación. Entre ellas, el no hablar mal el uno del otro y menos en presencia de los niños.

Alicia abrió los ojos aterrada. Su gesto pretendió aplastarme.

—¿Usted quién se cree? —farfulló—. ¡Haga favor de no meterse en lo que no le importa!

—Sí me importa —contesté—. Olga me ha tenido confianza durante varios días y creo que puedo opinar. Vamos a entendernos, señora Alicia. La separación es como un accidente y en esta familia han ocurrido *dos*: El de Román y el del divorcio. Hay cinco heridos y los cinco necesitan atención. Usted trata de ayudar a Nidia, pero al hacerlo está destruyendo a los niños y a Fausto. Si ocurriera un choque automovilístico frente a su casa y tuviera la oportunidad de salir a asistir a los heridos, ¿atendería sólo a uno y patearía a los demás? ¡Todos requieren auxilio! Para desquitar su coraje no trataría de que otros automóviles chocaran también, ¿verdad? Al contrario; pondría señales preventivas en el camino. ¡Es una infamia apoyar a Olga pretendiendo hundir el matrimonio de Marcelo! ¡Abra los ojos! Si quiere ayudar, déjese de chismes y enredos, y atienda a los heridos.

Alicia se había encendido como foco rojo; vislumbré un posible contrataque con armas desconocidas. Ella era de las personas acostumbradas a tronar los dedos para ser obedecida por periodistas, choferes, guardaespaldas y quién sabe qué otros subordinados más. Giró la cabeza como buscando amparo. No había nadie cerca.

Olga Nidia se adelantó para calmar los ánimos.

—No discutamos —se dirigió a mí—, Blanquita. Mejor dile a mi hermana algunas de las cosas interesantes que tú sabes decir; tranquilízala. Ella no te ha escuchado. Por ejemplo, ¿por qué ocurren tantos divorcios?

Detecté que su pregunta iba más con intenciones de llevar la conversación a terrenos neutros que de dilucidar una cuestión tan meridiana. Quise contestarle que el divorcio es producto de una falta de entrega y compromiso por parte de los cónyuges, que para tener un matrimonio exitoso es preciso darse a sí mismo; invertir tiempo, trabajo y atención al proyecto conyugal con más cuidado y celo del que se tiene a los planes profesionales; que conozco a personas multidivorciadas, todavía en busca de su pareja, sin saber que jamás la hallarán mientras no estén dispuestas a entregarse por completo y sin condiciones. Quise reprender a Olga Nidia por su falta de cuidado antes de la separación, y por su actitud irresponsable después de ella, pero me contuve.

Román estaba atento a la plática.

—Ándale, Blanca —insistió Olga—, explícale a Alicia por qué nos has recomendado tanto a Fausto y a mí que nos pongamos de acuerdo.

Pude sentir el mismo bochorno que seguramente había sentido Román cuando le pidieron exhibir sus pasitos. Acepté hablar sólo por adhesión al niño.

—El divorcio rara vez es producto sólo de las complicaciones ocurridas durante el matrimonio —le dije—. En realidad es resultado de problemas personales que se han arrastrado durante toda la vida. Cada uno posee antecedentes distintos: Carencias de la infancia, abusos, culpas, inseguridades, temores... Tú tienes una historia, Olga, y Fausto otra. No pudieron embonarlas, eso es todo. Equivocados o no, hicieron su mejor esfuerzo. Ninguno es perfecto... Deben comenzar a darse su lugar. La comprensión conduce al perdón.

Sin razón aparente, Román comenzó a llorar. Quizá en su cerebro mozo se revivieron las escenas de un hogar deshecho en el que hubo muy escasa comprensión, o quizá reflexionó sobre el segundo accidente que le mutilaba el alma y del que no había cobrado conciencia hasta entonces.

—Los hombres deben ser fuertes —le dijo la tía—. Trata de controlarte.

Para mi sorpresa no sólo la madre se abstuvo de protestar a tan desatinada observación, sino que la avaló:

—Es verdad, Román. No llores. Eres hombrecito. Todo está bien.

—¿Qué hora es? —preguntó el niño sin detener la congoja.

—La una de la tarde.

Entonces, la enfermera lo invitó a subirse al automóvil. Esta vez el chico obedeció. Vislumbré un gran desabrigo en su mirada antes de que desapareciera en el interior del vehículo.

—¿Ve lo que ocasiona con sus comentarios imprudentes? —me dijo Alicia.

—¿Mis comentarios? —rebatí—. ¡Ese niño necesita amor! ¿No se dan cuenta? Se siente solo ¡Lo mismo le pasa a las mellizas! En su máscara de indiferencia esconden un dolor agudo que apenas las deja respirar. No fueron abrazadas por su madre cuando llegaron, por eso se desaparecieron; Román fue censurado cuando derramó una lágrima...

—¡Ya! ¡Ya! —me interrumpió Alicia levantando la mano y moviéndola como si quisiera borrarme de la pizarra—. No alarguemos más esta discusión inútil.

Alicia se dirigió a Nidia dándome la espalda.

—Aprovechemos el tiempo, hermanita; pronto se terminará el permiso para que Román permanezca fuera de la clínica de rehabilitación ¿Por qué no vamos a comer?

Era innecesario aclarar que yo no estaba invitada al refrigerio.

De repente vi mi automóvil estacionado junto a la acera de enfrente, seguido del deportivo que pertenecía a Fausto y detecté la incongruencia del cuadro que tanto me había incomodado minutos atrás: alguien había rayado ambos coches con un objeto punzante. Al mío, además, le habían pinchado la llanta delantera. Caminé pronunciando una interjección de enfado. El auto se había ladeado de forma notable.

19

GAS LACRIMÓGENO

Suspiré resignada.

—Llamaré por teléfono a mi esposo para que pase por mí.

—Yo iré por las gemelas —dijo Nidia.

Alicia se quedó parada junto a su automóvil mientras la contrariada anfitriona y yo caminamos hacia la casa.

—Perdona la actitud de mi hermana —se disculpó—. Siempre ha sido un poco autoritaria.

—No te inquietes—respondí—, pero me preocupa tu hijo. Si quieres ayudar a Román, debes aprovechar cada oportunidad. Te recomiendo que charles más con él y menos con Alicia.

—¿Por qué? ¿Qué viste en Román?

—Tristeza.

—¿Verdad que sí? Él está triste desde que no me ve…

Sonreí sintiendo una opresión en el tórax. Los dolorosos recuerdos de mis errores pasados me fomentaban un intenso sinsabor:

—Te voy a decir algo, Nidia. Cuando mi hijo Waldo tenía cinco años, fui a verlo jugar en un partido de fútbol de su escuela; la pelota le pasaba por entre las piernas y sus compañeros lo apartaban con empujones. Al terminar el partido, le pregunté cómo se sentía, entonces apretó los labios sin poder evitar que los ojos se le llenaran de lágrimas y dijo "me esmero de verdad, mamá, pero no sé porque me sale tan mal". Le pregunté si tenía ganas de llorar y él asintió. Lo abracé y se acurrucó en mi pecho rompiendo en llanto. Entonces comprendí que, a veces, en vez de inhibir las lágrimas hay que motivarlas, que un buen padre, aunque nunca tolera pataletas tontas, está atento para dar consuelo y estimular el desahogo de sus hijos cuando ellos lo necesitan. Las lágrimas no siempre deben ser reprimidas; los seres humanos necesitamos llorar y sentir el amparo de otras personas en medio de nuestros peores trances.

Entramos a la casa y escuchamos que las gemelas estaban en su habitación haciendo ruido como si tiraran cosas al suelo.

—El día del partido de fútbol frustrado —continué—, hice un pacto con Waldo: cada vez que él me preguntara "¿cómo estás?" Yo no contestaría con la convencional respuesta "bien"; si no que compartiría con él mis verdaderos pensamientos o estados de ánimo: "Preocupada, triste, alegre, enfadada, cansada". Lo mismo haría él cada vez que yo le preguntara "¿cómo estas?". Nuestro pacto funcionó de maravilla durante un tiempo, pero yo perdí el equilibrio de mis pensamientos ante la llegada de mi segunda hija. Varias veces Waldo se acercó a la cama en la que yo cuidaba a su hermanita enferma para preguntarme con lágrimas en los ojos "¿cómo estás, mamá? Quebrantando nuestro convenio, le contestaba frívolamente "bien, vete a jugar", y el pequeño, herido en lo más profundo de su ser, se alejaba para sufrir su pena en soledad. Por eso me molesta tanto verte cometer con tus hijos las mismas aberraciones que contribuyeron a deshacer mi matrimonio y llevaron al borde de la destrucción total a mi hijo mayor.

Olga Nidia no contestó.

Fui a la mesa del comedor para recoger mis cosas y luego a la sala para tomar el teléfono. Olga caminó a mi lado como una sombra, luego me tomó por el brazo y me obligó a mirarla.

—Dime una cosa —preguntó—: ¿tú crees que deba cederle a mi exesposo la custodia de Román?

—Depende. Analiza lo que le conviene más al niño.

—Yo estoy siempre muy nerviosa —respondió de inmediato—, y Alicia se entromete mucho en la educación de mis hijos. ¿Eso significa que a Román le favorece vivir con su padre?

Me negué a contestar. Era una decisión muy personal y, aunque yo no había fungido como terapeuta sino como consejera, también había límites en ese papel.

—Sí, Blanca —se respondió a sí misma después de unos segundos—. Es lo que has tratado de decirme todo este tiempo, ¿verdad? Debo ceder. Emocionalmente he perdido a mis hijos ya, ¡pero cómo quisiera recuperarlos! ¡Están tan lejos de mí! Ayúdame, por favor.

Marqué el número de César. Le explique lo de la llanta dañada y le pedí que me recogiera. Él me dijo que llegaría en unos minutos. Colgué el aparato.

Nidia me miraba con los ojos del hambriento que observa la vianda inaccesible a través del grueso vidrio en un restaurante. Respiré para no sonar demasiado acalorada en mis exhortaciones. Lo que tenía que decir era simple:

—Mira —comencé—. Las personas, por lo regular, no podemos decir con claridad lo que sentimos. Máxime si se trata de niños y están "accidentados". Por eso debemos aprender a decodificar las sutiles señales que nos dan. Escucha lo que te dice Román, pero sobre todo escucha lo que *no* te dice. Hace muchos años, un amiguito de mi hijo se hospedó en nuestra casa durante tres días. Cierta tarde, estábamos todos sentados a la mesa y él llegó un poco tarde; su silla estaba vacante, sin embargo preguntó: "¿dónde me sentaré? Ninguno entendimos el porqué de su duda. El niño se quedó parado en un rincón y volvió a preguntar: ¿dónde me sentaré? Entonces me di cuenta de que sobre su silla estaba mi bolso. Lo que en realidad él había querido decir era: "¿pueden quitar ese bolso de mi lugar? Con frecuencia un niño expresa una cosa queriendo decir otra. Hace rato, Román te preguntó "¿qué hora es?" Y tú contestaste "la una de la tarde", pero él en realidad no necesitaba saber la hora. Tal vez te estaba diciendo: "hazme caso, mamá; deseo convivir contigo y el tiempo se nos acaba". Cuando una persona tiene hambre con frecuencia comenta: "hoy no me desayuné" o "qué rico huele" o "ya es tarde". A veces, en una empresa los empleados se muestran distraídos, llegan tarde, se portan sarcásticos o hacen mal su trabajo como una forma de protesta contra las incomodidades que no se atreven a decir con claridad. Las personas somos así. Escucha y comprende las motivaciones ocultas de los otros afectados. No sólo tú estás sufriendo. Los padres debemos decodificar los mensajes y tratar de comprender a nuestros seres queridos... sobre todo cuando todo indica que ellos mismos no comprenden lo que les pasa.

Nidia asintió y se puso de pie mirando el reloj.

—Voy por las gemelas. ¿Nos vemos después?

—Claro —le dije—, cuando quieras. Tienes mi teléfono. Llámame.

Asintió y corrió a las recámaras para buscar a sus hijas. Suspiré y salí a la calle. El elegante vehículo de la hermana había sido puesto en marcha y adelantado unos metros de su posición original. Me paré en la acera esperando la llegada de mi marido. No tardó mucho. Vi aparecer su coche en la esquina y le hice señas con la mano. Se detuvo detrás del de Alicia. César abrió la portezuela y salió del auto para saludarme.

—¡Hola! —caminé hacia él y le di un beso; en el asiento del acompañante venía su hija Patricia quien prefirió permanecer dentro del vehículo; me acerqué y le dije por la ventanilla abierta:

—Ésta es la antigua casa de tu artista favorito.

—¡Papá! —protestó mi hijastra sin hacerme caso—. ¿Por qué me trajiste aquí? Es peligroso.

Olga Nidia se acercó, seguida de sus dos pequeñas.

Patricia se había puesto pálida.

—¡Papá! Tú me dijiste que pasaríamos a recoger a tu esposa, pero nunca me aclaraste vendríamos a *este lugar*.

—¿Qué tiene de malo?

—¡Vámonos, por favor! Sé que esa señora es muy violenta —la señaló—. ¡Lo sé!

Su tono de voz me causó desasosiego. Fue como una premonición de fatalidad. César y yo nos quedamos asombrados por el legítimo pánico de la joven.

Las gemelas corrieron al coche de su tía, y Nidia llegó hasta nosotros como para reiterar su despedida. Tenía un gesto afable y agradecido, pero su talante cambió en cuanto descubrió que en el coche de César había alguien más. Detuvo sus movimientos tratando de reconocer a la acompañante.

—¡Vámonos! —gritó Patricia.

Cuando comprendí lo que estaba ocurriendo, era tarde. Nidia había rodeado el vehículo y estaba abriendo la puerta de Patricia.

—Olga —le dije—. Ella es la hija de mi esposo.

Pero me ignoró.

—¿Qué haces aquí, maldita? —le gritó—, ¿por qué nos persigues?

—¡Yo no los persigo!

—¡Pues entonces desaparécete!

—Usted es una loca —respondió Patricia—. Ha destruido a Fausto y a los niños.

Recordé las palabras del artista:

Olga golpeó a una de mis admiradoras que llegó al sanatorio para darnos sus condolencias.

—¿Tú qué sabes? —Nidia tomó a la joven del vestido y comenzó a jalonearla como quizá hizo meses atrás en el hospital—. ¡No sabes nada!

Me quedé estática. Era demasiada violencia para tan poca provocación. Patricia abrió la guantera, tomó el espray de gas lacrimógeno que mi esposo siempre cargaba, y lo roció en el rostro de su agresora.

Olga Nidia comenzó a dar alaridos y se llevó las manos a la cara como un reflejo causado por el dolor que le quemaba las corneas. De pronto se irguió, emitiendo un gruñido animal y se abalanzó al interior del coche por la portezuela abierta.

Cayó sobre Patricia. Cesar trató de jalarla, mas no lo logró.

Todo sucedió muy rápido. Al momento, la agredida perdió la lata de aerosol que había tenido consigo. Olga lanzó golpes a ciegas en un acto irracional, mientras Patricia se defendía intentando detener con una mano la lluvia de empellones y alcanzar con la otra el bote de gas. Después de unos segundos logró recuperarlo, pero el peso de ese cuerpo enceguecido que se debatía sobre ella le dificultaba la puntería. Esto no parecía real. ¿Acaso mi reciente "amiga" sufría de ataques delirantes que la hacían perder el juicio ante la mínima incitación? ¿Y si estaba tan enferma, cómo no lo detecté?

Las contendientes gritaban y chillaban en una lucha procaz. Patricia oprimió nuevamente la válvula del frasco con gas, mas no distinguí si logró atinar al rostro de Nidia por segunda vez o sólo consiguió que la sustancia acre se expandiera en el interior del coche dañándose también a sí misma. César entró a la pendencia por detrás y trató de separarlas, pero Olga enfurecida se había asido a la ropa de la joven.

Mi hijastra se recostó sobre el asiento con la cabeza debajo del volante, encogió las piernas para poner los tacones de sus zapatos sobre el torso de Nidia y la empujó haciéndola salir catapultada hacia la calle. César también recibió el impacto del lanzamiento y trastabilló antes de caer en medio de la calle. Se reincorporó de inmediato. Olga Nidia, por su parte, ya no quiso levantarse. Su extraño arranque de ira se había transformado en neurastenia. Lloraba y se tallaba la cara con desesperación. Quizá el gas picante comenzaba a hacer su verdadero efecto y el ardor se había vuelto insoportable, o quizá simplemente tuvo la lucidez de calibrar lo grotesco del suceso que había ocasionado.

Alicia y el chofer habían bajado de su vehículo.

—¿Qué pasa? —gritaba la hermana—. ¡Dios mío! ¿Qué sucede? Olga ¿te sientes bien?

Ya éramos varios los que no entendíamos nada.

Me invadió la sospecha de haberme equivocado en mi obsesivo afán de ayudar a esa pareja. Había invertido varios días en la consejería más compleja de mi vida y ahora resultaba que la principal destinataria de mis esfuerzos era una mujer desequilibrada.

—¿Qué hiciste? —increpé a Nidia, quien pareció tener un instante de calma—. ¡Me debes una explicación!

—¡Eres tú la que me debes una explicación a mí, Patricia Bermúdez! —aulló sin abrir los ojos—. ¿Acaso diriges con ella el club de admiradoras de mi exmarido?

—Olga ¿cuál es el problema? ¡Te dije desde el principio que mi hijastra es seguidora de Fausto! Es lógico que se haya asustado al verte ir en contra de ella. ¡Tú ya la habías agredido en otra ocasión, cuando fue a darles sus condolencias al hospital! Por eso se defendió.

—¡Pues sí! ¡No lo niego! Le di una buena sacudida entonces y la golpeé ahora, ¡si pudiera matarla, lo haría! ¡Y a ti también!

—¿Qué te ocurre? ¿Has perdido el juicio? ¿A qué se deben esos arranques de celos contra jóvenes inocentes? ¡Fausto y tú están divorciados!

Me ignoró y pidió ayuda.

—¡Alicia! Esa maldita me echó algo a la cara. ¡Deténganla!

20

EL CHEQUE

El chofer giró la cabeza para todos lados y se adelantó pensando que era a mí a quien debía aprehender, después se dio cuenta de la equivocación y corrió hacia el coche para golpear el vidrio. Patricia había cerrado la puerta poniendo los seguros.

—¡Abra! ¡No se puede ir!

César se aprestó a alcanzar al sujeto para hacerlo a un lado.

—Déjela en paz. Mi hija sólo se defendió. Esa señora la atacó sin ninguna razón.

Román y las gemelas habían salido del carro y miraban con los ojos muy abiertos el circo de tres pistas. Por un lado, Alicia tratando de levantar a su hermana del pavimento, por otro, el chofer discutiendo con mi esposo en las fronteras de una nueva riña mucho más peligrosa, y al frente, Patricia pasándose al asiento del conductor y arrancando el vehículo.

Una de las niñas estaba justo en el camino.

—¡Patricia! —grité—. ¡Detente!

No me oyó. Mi hijastra tenía los nervios alterados y quizá se hallaba un poco cegada también por los gases del arma que se habían propagado en el interior del coche. Los hombres se dieron cuenta del peligro. César palmeó sobre la lámina del coche para que su hija se detuviera, pero la joven, ofuscada, sólo pensaba en huir. Aceleró a fondo sin alterar su trayectoria. Me fue inevitable llevarme las manos a la boca y emitir una voz de pánico. Por fortuna, la niña, prevenida por los enormes gritos, se quitó a tiempo.

Patricia se alejó manejando nuestro coche.

—Tal vez debemos pedir un taxi —le dije a César.

—¿Ahora te vas, Blanca? —vociferó Olga Nidia sin dejar de llorar—. Nunca debiste haber venido. ¡Trataste de hacerme creer que soy una mala madre! ¡Quisiste que perdonara a Fausto —abrió un poco los párpados; el exceso de lágrimas que brotaban de sus ojos irritados parecían estar sirviendo de ablución—, porque el pobrecito —fingió un tono de pena—, también tiene su historia! ¡Me incitaste a dejar en paz a mi exmarido y a resignarme a ceder la custodia de Román porque es lo mejor para el niño! ¿Cuánto te pagaron por hacer el trabajito? ¡Hipócrita!

Su invectiva me dejó helada. Obedeciendo la ley de conservación energética, mi desconcierto inicial, convertido en enfado, se había trocado ahora en estupor. Tuve la extraña y repentina sospecha que Nidia no estaba loca... que, por el contrario, había obrado de manera coherente. César, al verme estremecida optó por calmar los ánimos.

—Usted debe lavarse la cara.

El chofer quiso cargarla, pero Olga se puso de pie por sí sola.

—Déjenme en paz. Yo iré a enjuagarme.

Caminó por delante tambaleándose. Alicia y las niñas la acompañaron.

Me quedé parada sintiéndome como un muñeco eléctrico al que se le han acabado las baterías. Vi a Román a escasos metros de distancia, llorando junto a su enfermera. ¿Por qué? ¿Por qué sollozaba de esa forma?

—¿Qué piensas? —me preguntó mi esposo—. Estás pálida.

Una repentina presión estrangulante me obligó a abrir la boca para recuperar el aliento.

—Ahora... lo... entiendo... —balbuceé—, Olga cree que alguien me contrató para convencerla de que ceda la custodia de Román.

—Ella puede creer lo que quiera. Está equivocada ¿o no?

—Sí —le dije—, lo está.

Pero ¿y si no lo estaba? ¿Y si me habían utilizado para ese propósito?

Las emociones negativas terminaron de abatirme. A los altos niveles de adrenalina provocados por los recientes acontecimientos se sumaron otras secreciones paralizantes por la extemporánea intuición de los hechos.

Caminé como una zombi hacia la casa. El deseo de confirmar mis sospechas me llevó hacia Olga Nidia.

Estaba recostada boca arriba, en el sillón, con los párpados cerrados; había dejado de quejarse y gemía de forma intermitente como si el ardor le hubiese pasmado los sentidos.

—Necesito saber —le dije—. Por qué me has tratado de esa forma.

—¿Todavía estás aquí? —su incipiente tranquilidad se esfumó otra vez; saltó del diván y me miró con expresión siniestra.

—No me iré hasta saber por qué me llamaste hipócrita.

Su respiración era fuerte y entrecortada como la de una res que ha sido marcada por el hierro del ganadero.

—He aprendido mucho en los últimos años —dijo mordiendo las palabras—. Entre otras cosas a desconfiar de la gente, pero tú... casi me convences de hacer una tontería —señaló a César con el índice—, usted también es un impostor. Los dos. ¡Pareja de víboras!

Mi esposo me tomó del brazo.

—Vámonos. La mujer está loca.

—Espera —le pedí—. Nidia. Tú crees que yo te engañé, pero ¿no has considerado que quizá alguien más me engañó a mí?

Pensó por un momento.

—No lo creo.

Quise hablarle del cheque engrapado al anónimo en el que se me pidió una ayuda urgente para ella y para Fausto, pero me di cuenta que precisamente en el cheque podía hallarse la clave de todo el entresijo. Lo busqué. Las manos me palpitaban cuando lo hallé al fondo del bolso. Ahí estaba. Lo desdoblé sintiendo el vaivén imaginario de un movimiento telúrico bajo mis pies. La firma resultaba ilegible, pero el membrete impreso en el documento era muy claro. Había sido emitido por una empresa: "Nueva perspectiva S.A de C.V."

Cerré los ojos y me llevé ambas manos a la cara. Fausto me lo dijo:

Monté un grupo musical para animar fiestas. Lo llamé "Nueva perspectiva". Al principio, como en cualquier negocio, hubo que invertir...

Un escalofrío lento me enchinó la piel. Patricia era delgada y alta... gustaba de usar vestidos floreados que se ceñían al cuerpo... su novela preferida era "Don Quijote de Mancha" y si tuviera que elegir un seudónimo basándose en esa especial admiración, sin duda escogería el de "Dulcinea".

—Vete de aquí, Blanca —ordenó Olga—. Tú y tu marido. No quiero volver a verlos.

—¿Han oído? —dijo Alicia—. Mi hermana desea que se retiren.

El guardaespaldas se comidió a acompañarnos hasta la calle. Trató de empujarme, pero César se interpuso impidiéndole que me tocara. Los dos hombres alzaron la cara y se enfrentaron. Detuve a mi marido y caminé con él. Apenas salimos de la casa sentimos el portazo a nuestras espaldas.

Observé al frente. Era obvio: Román lloraba con melancolía, no sólo por las peleas presenciadas, sino porque había reconocido en el coche que se fue, a su protectora, Patricia...

Las múltiples inexactitudes de Olga me habían hecho imposible eslabonar los hechos antes: Supuso erróneamente que la amante de Fausto era una mujer casada, que había viajado con él a Alemania —lo cual era imposible, pues César y yo lo hubiéramos sabido—, y la refirió como "una flaca, esquelética, demacrada, más plana que una viga". Mi hijastra era delgada, pero distaba mucho de merecer esos adjetivos extremistas. Me sorprendió la forma en que las mujeres podemos describir a una rival.

—¿Qué... pasó aquí, Blanca? —preguntó mi esposo temblando—. ¿Me lo puedes explicar?

—Patricia nos engañó.

—¿Como?

—El cheque —se lo mostré—. Lo envió ella. Quiero decir, el dinero es de Fausto, pero Patricia lo puso en nuestro buzón.

Me miró interrogante.

—No... no te entiendo...

—Durante mi trabajo, me extrañó mucho que Fausto apareciera para cooperar mansamente en una terapia... Nada ha sido casualidad. No deseaba rehabilitarse. Sólo fue a supervisar si el gasto que hizo en ese cheque estaba justificado...

—Perdón —dijo César—, pero sigo sin entender una palabra.

Lo observé con tristeza. Odiaba tener que ser yo quien le provocara ese daño.

Le expliqué todo.

Le hablé incluso sobre los pormenores del Internet y sobre el seudónimo quijotesco de Patricia.

Mientras explicaba, el rostro de mi marido fue cambiando de colores. Del grana, producido por la irritación, pasó al ambarino de palidez luctuosa y luego al plomizo de una pena inconcebible.

—No —protestó después—. Esto es muy delicado. ¿Sabes lo que me estás diciendo?

—Es la verdad.

Las secreciones de rabia le llenaron los lagrimales.

—A ver, Blanca. Déjame repetirlo. ¿Me estás sugiriendo que mi hija es amante de un hombre divorciado, y que pretende casarse con él para criar a su hijo minusválido?

Asentí.

Román avanzó con sus movimientos robotizados sobre la calle. La enfermera lo siguió tratando de detenerlo, pero el adolescente acababa de ver algo...

El coche de César.

Patricia había regresado y estaba en la esquina con intenciones de recogernos; sin embargo, se hallaba enfilada a la calle perpendicular para huir de nuevo si veía la necesidad.

—Vamos —sugerí—. Viene por nosotros.

Al acercarnos al vehículo, presenciamos una escena que no por extraña dejaba de ser conmovedora: Román llegó al auto antes, y Patricia, olvidando todos los riesgos, salió para abrazar al adolescente. Los vimos charlar mirándose cara a cara como sólo pueden hacerlo dos viejos amigos. Ella le limpió el rostro con la mano y él la besó en la mejilla.

Oímos gritos provenientes de la casa llamando a Román. Acababan de notar su ausencia. Echamos un vistazo hacia atrás y por instinto apretamos el paso. El chofer de Alicia se dirigía hacia nosotros. Román permanecía abrazado del cuello de Patricia y le impedía moverse.

El guardaespaldas nos alcanzó.

21

LA AMANTE

El chofer de Alicia llegó hasta Román y le puso ambas manos sobre los brazos como protegiéndolo. Como su arrogante patrona no estaba cerca, incitándolo a fungir como héroe, prefirió actuar con prudencia. Se limitó a llevarse al niño sin decir palabra.

Patricia volvió a subirse al vehículo en el asiento del conductor. César se sentó a su lado, yo atrás. En el interior del auto podía percibirse un tufillo áspero del gas recién disparado. Durante todo el camino de regreso nadie pronunció palabra. La hija de César condujo con lentitud. En cuanto llegamos a nuestra casa, mi esposo salió de su letargo.

—Creo que debemos hablar.

Patricia se mantuvo estática sin soltar el volante del vehículo. Su posición de conductora le daba una jerarquía temporal sobre nosotros y me dejaba al margen de la charla. Como esposa no podía desentenderme de los problemas de mi hogar, pero como madrastra tampoco tenía, ni el derecho a herir susceptibilidades, ni la autoridad para reprender conductas que fueron propiciadas por una educación ajena a mi persona. Al principio, la actitud de Patricia fue controladora, como la de un estafador que se ve forzado a confesar su delito y procura salir del paso declarando lo menos posible. Dijo:

—Fausto y yo somos buenos amigos, y su exesposa está loca de celos. Es una señora inestable. Pierde el juicio con frecuencia. Eso le ocurre a mucha gente, si te has fijado; intentan responsabilizar a otros de sus fallas. Es una reacción natural, creo yo, cuando se ha tenido un mal desempeño en la vida...

—A ver, Patricia —la interrumpió César—. Háblame claro. No olvides que Olga estuvo en terapia y habló mucho, pero quiero escuchar tu versión de los hechos.

Patricia me echó un rápido vistazo que era a la vez de incriminación y reclamo. Se suponía que en mi trabajo debía guardar algo así como el secreto de confesión de los sacerdotes, y a todas luces yo había transgredido ese juramento. Viéndose desarmada, soltó el volante, bajó el tono de voz y comenzó desde el principio:

—Hace casi dos años, como práctica profesional de mi carrera, instalé la red de computadoras en un colegio particular. Después trabajé ahí asesorando el manejo de los sistemas —levantó la cara y recuperó poco a poco su seguridad—. Un alumno adolescente solía espiarme y coquetearme. Era tímido y me veía con admiración. Incitado por sus amigos, se acercó para pedirme que fuera su "novia platónica"; esa declaración me hizo gracia y le sugerí que mejor fuéramos amigos. Él estaba aprendiendo computación y me pidió mi cuenta de correo electrónico; quería enviarme unos poemas. Al día siguiente me escribió: su carta era idealista pero no infantil; en un lenguaje muy maduro, dijo sentirse solo pues sus padres se estaban divorciando. Le contesté de inmediato. Le di algunos consejos. Yo sufrí mucho cuando mamá y tú se divorciaron. Nunca tuve apoyo ni respeto como hija; jamás me hablaste claro, papá. Cuando te vi besándote con otra mujer en una fiesta me enteré, por deducción, que iba a tener una madrastra. Hay heridas muy profundas en el corazón de un hijo de padres divorciados que punzan toda la vida...

Esta vez fui yo la que me retraje abochornada al escuchar una confesión en la que se me atribuía indirectamente el delito de haber propiciado esas lesiones en la hija de mi esposo.

—En fin —continuó Patricia—. Quise ayudar a Román haciéndole algunas confidencias. Dejé de trabajar en su colegio, pero seguimos escribiéndonos. Él imprimía todas mis cartas. Un día, su padre las leyó y me envió un *e-mail* dándome las gracias por el apoyo que le estaba dando al muchacho. Contesté el mensaje y una respuesta nos llevó a otra. Él era un hombre que sufría. Amaba mucho a sus hijos y se sentía incompetente para manejar las reacciones de su esposa histérica. Nuestra relación creció sin maldad. Poco a poco se fue dando una gran amistad e incluso un cariño.

César movió la cabeza mostrándose en desacuerdo respecto a la supuesta inocencia y castidad del relato.

—¡Patricia! —protestó—. No me digas eso. Eres una mujer adulta y preparada. No pretendas hacerme creer que caíste en una trampa del destino. Si Fausto y tú se enamoraron de esa manera, es porque te mostraste insinuante y provocativa.

—¡No! Las cosas se dieron así —se evadió—. Eso es todo.

—A ver, hija. Hay una línea que separa los mensajes cordiales de los amorosos; tú te atreviste a traspasarla. Te hacías llamar "Dulcinea" y, pretendiendo mostrarte amorosa con el niño a quien conocías físicamente, terminaste haciendo lo mismo con el hombre ¡*casado*!, a quien no conocías.

Me sentía apabullada pues con los datos que le di a César, él estaba convirtiendo el diálogo en rencilla.

—De acuerdo —admitió—, pero jamás tuvimos charlas indecorosas... debes creerme, papá.

Yo le creí.

Olga había supuesto que "Voluptuosa", la mujer de la orgía cibernética, se había cambiado el nombre por "Dulcinea" para continuar sus pervertidas comunicaciones en privado, pero sin duda era otra equivocación de cálculo. Seguramente Fausto usó el Internet con unos destinatarios para depravarse y con otros para mostrar su lado angelical.

El silencio se prolongó. César suspiró.

—Sígueme contando.

—¿Para qué? Nada va a cambiar.

—Sí, pero que yo sepa, aún no te has independizado. Todavía vivimos bajo el mismo techo. Mis problemas te afectan y los tuyos me afectan a mí.

Quise salir del auto para dejarlos charlar a solas, pero ni tuve el valor de hacerlo, ni pude desentenderme de lo que ella iba a decir.

—Está bien —continuó Patricia; había abrazado el volante con el gesto autodefensivo de una niña que se ve obligada a confesar cómo rompió el costoso jarrón de la sala—. Un día le sugerí a Fausto que intercambiáramos fotografías —sonrió para sí—, y él se negó. Me dijo que si en verdad lo quería, no me importaría su físico. Eso me asustó. ¿Qué clase de monstruo se atrevería a decir algo así? Él, en realidad no deseaba darse a conocer, porque era famoso, pero yo me imaginé lo peor. Dejé de contestarle.

»Una tarde me llamó por teléfono. (Aunque a veces usábamos esa vía, lo hacíamos lo menos posible para evitarle más problemas en su casa). La llamada era urgente. Su crisis conyugal había llegado a extremos insoportables. Necesitaba desahogarse, no frente a la computadora, sino frente a una persona comprensiva. Me suplicó que accediera a tomar una copa esa misma noche con él. Nos citamos en un discreto bar. Como no nos conocíamos, me dijo que iría vestido con un traje azul. Llegué un poco tarde. En el sitio había varias parejas. El primer hombre solo de azul que descubrí era un tipo corpulento y elegante a quien tuve la sensación de haber visto por televisión. Quizá se trataba de algún artista de telenovelas. Pasé a su lado mirándolo de reojo; él también me observó con discreción, pero no me hizo ninguna señal.

Seguí buscando. Había otro sujeto sentado en la barra, también de ropa azul. Me sentí decepcionada. Hubiera sido demasiada buena suerte, me dije, que mi aventura terminara, y comenzara, con un artista, alto y atractivo.

»Con una profunda tristeza abordé al individuo de la barra. Era gordo, sucio y estaba borracho. Le dije que me alegraba de conocerlo y él me contestó que también a él le agradaba conocerme. Fue muy atrevido. Casi de inmediato, me abrazó. Apestaba a ron y a sudor. Giré la cabeza y vi al galán sentado junto a una de las mesas. Él también me miraba con los ojos fijos. Mi corazón quería salirse de mi pecho. ¿Cómo pediría ayuda?, ¿cómo saldría de ese lugar bien librada? Retiré al borracho e intenté conversar. El exceso de alcohol en su cerebro no le permitía articular palabras. Sin duda llevaba bebiendo varias horas... ¿Varias horas? ¡Pero Fausto me había llamado por teléfono hacía muy poco! ¡No podía ser él! Entonces salté de mi silla conmovida por la posibilidad de haberme equivocado. Miré al hombre solitario que aún me observaba. Experimenté una mezcla de varias emociones: pánico, regocijo, asombro, aturdimiento... Caminé. El borracho me atrapó de un brazo.

»—Ven acá —me dijo.

»—Suélteme —contesté—, ha habido un error.

Me apretó. Grité. Entonces, Fausto se puso de pie y se le enfrentó. Hubo una breve riña. El hombre a quien yo había aprendido a querer a través de las cartas, zarandeó al ebrio quien comenzó a soltar puñetazos, pero no tuvo coordinación para asestar un solo golpe. Fausto lo derribó de un empujón. El beodo midió la corpulencia de su adversario y optó por no contratacar. Fausto me tomó suavemente del brazo y caminó conmigo a un rincón del lugar. Le pregunté de dónde nos conocíamos y él aseguró jamás haberme visto antes. En cuanto lo escuché hablar, corroboré que sin duda lo había visto en la televisión. Era cantante. No pude definir quién. Yo estaba ruborizada. Él había presenciado mi estúpido error. ¿Qué pensaría de mí? Quise explicarle... decirle que estaba muy asustada, que cuando el borracho me abrazó, no había sabido cómo reaccionar.

Él me consoló. Era nuestra primera cita y yo me derretía. Por desgracia, esa tarde no sólo lo conocí a él sino también a su esposa. Nos estaba espiando.

Patricia se detuvo soltando el volante. Había sido específica en muchos detalles, pero no relató cómo fue sorprendida en besuqueos y frotaciones públicas que no son para descritas, ni cómo aguardó a Fausto tronándose los dedos con nerviosismo en la salita de espera, mientras él alquilaba un cuarto de hotel. Me abstuve de completar el crucigrama.

—La señora Olga nos persiguió amenazándonos con la cámara fotográfica —continuó—. Fue muy desagradable. Con el tiempo Fausto y yo nos enamoramos más. Aprendí a apreciar su música que antes jamás había escuchado con atención y empecé a acompañarlo a muchos de sus conciertos. Me volví su confidente, su apoyo, su... —se detuvo.

—Dilo —pidió César contrariado.

El epíteto final del enunciado era "amante", pero ninguno se atrevió a pronunciarlo. Ella cambió hábilmente el hilo de la charla.

—Seguí escribiéndole a Román para hacerlo partícipe, poco a poco, de cuanto estaba ocurriendo entre su padre y yo. El niño me decía que las cosas en su familia empeoraban cada día más. Me relató riñas insoportables. Entonces le sugerí que cuando se sintiera asfixiado por la presión, buscara alejarse físicamente de los problemas. Me dijo que justo se había iniciado una excursión a la que no había podido inscribirse y yo le recomendé que hiciera todo lo posible por ir. ¡Dios Santo! ¿Por qué no se me ocurrió aconsejarle otra cosa, o simplemente quedarme callada? Siguiendo mi consejo, pidió permiso a su padre. Él se lo negó, pero luego el niño le dijo en secreto que había sido *yo* quien le había recomendado un exilio temporal y entonces su padre accedió.

Patricia se interrumpió para respirar rápidamente como lo hacen los atletas cuando han realizado un esfuerzo anaeróbico.

—Todavía me altero y siento ganas de llorar cada vez que recuerdo que yo fui quien le sugerí irse de viaje —prosiguió—. Cuando supe del accidente me sentí morir. Acudí al hospital donde estaba internado. Hallé a Fausto en la recepción. Intercambiamos algunas palabras, pero terminamos abrazándonos en un intento de darnos consuelo muto. La tragedia nos afectaba a todos en muchas formas. Entré a ver al niño y no supe qué decirle. Creí que me repudiaría por mi consejito, pero no lo hizo, me extendió sus brazos. Yo lo estreché contra mi pecho y lloré con él... lloramos juntos durante mucho rato. Prometí que lo ayudaría. Olga me vio salir del cuarto. Entonces se abalanzó sobre mí, me jaló el cabello y comenzó a abofetearme sin piedad. No pude defenderme. Estaba como atontada. Fausto la apartó. Fue una escena grotesca. Como la de hoy. Imagínate. Estábamos en la sala de espera de un hospital lleno de gente. La esposa, aún después de haber sido separada de mí, seguía insultándome a gritos.

—¿Por qué nunca me contaste nada? —musitó César.

—No sé... Tenía miedo de desilusionarte.

Él asintió. Pude verlo de perfil. Un sentimiento de derrota parecía haberle quitado la vitalidad.

—Hace unos meses —continuó la joven—, Fausto y Román viajaron a Europa acompañados de un importante fisioterapeuta. Al niño le hicieron el implante de dos prótesis electrónicas. Cuando regresaron, me comedí a ayudarlo en su rehabilitación.

Lo visito dos veces por semana en la clínica en la que se encuentra internado. Él me ha dicho que me quiere y que estaría dispuesto a vivir con su padre y conmigo si nos casamos. Fausto, Román y yo deseamos eso, pero es imposible lograrlo, mientras Olga Nidia siga aferrada a la idea de quitarle todo a su exmarido —se giró para hablarme a mí—. Por eso le sugerí a Fausto que contratara tus servicios de asesora. No quiso hacerlo en persona. Temió que te negaras. Me preguntó cuáles serían los honorarios de una terapia completa y me hizo un cheque para que yo tratara de convencerte de trabajar con Olga, pero tampoco tuve el valor de explicarte el problema abiertamente.

Me recargué en el asiento sin poder asimilar la píldora, comprobando que, en efecto, Patricia había obrado con intenciones calladas de utilizarme.

César movió la cabeza y buscó con torpeza la manija de la puerta.

Las emociones confusas lo estaban consumiendo. Parecía necesitar aire con urgencia. Abandonó el coche. Patricia lo siguió. Yo también salí.

22

MUJER SUPERPODEROSA

—¿A dónde vas, papá? Dime lo que piensas.

César giró con los ojos inyectados de sangre.

—Si te casas con Fausto estarás firmando tu sentencia de muerte. ¡Mereces algo mejor!

—¡Pero, papá! Yo no te estoy pidiendo permiso para hacer lo que ya he decidido. En todo caso sólo te estoy avisando.

César se sintió ofendido. Frunció los labios y dio la vuelta para alejarse. Suele ser un hombre tranquilo, no pierde la cabeza con facilidad, pero cuando lo hace prefiere desaparecer.

—No te vayas —suplicó Patricia—. Escúchame. Tenme confianza. Yo *necesito* casarme con Fausto —caminó hacia mí, haciéndome participe de la discusión—. Tú eres terapeuta. ¿Verdad que sí es posible ser feliz en estas circunstancias? Díselo a mi padre. Has visto buenas parejas de segundas nupcias. ¡Ustedes son un ejemplo!

Lo éramos, pero nos había costado muchísimo trabajo lograrlo después de someternos a una larga y dolorosa desintoxicación del veneno que casi nos mata durante nuestros respectivos divorcios.

César detuvo su huida para voltear a verme.

—Di algo, Blanca —pidió.

Patricia me suplicaba con la mirada que la defendiera y él me exigía decir algo para abrirle los ojos a su hija.

Me sentí acorralada.

Antes de tomar partido hacia ningún bando, quise lanzar a Patricia una pregunta clave:

—Acabas de decir que necesitas casarte. ¿Por qué?

—Es mi deseo.

—Pero lo mencionas no con el gusto de una mujer enamorada, sino con el pesar de alguien que se sabe cumpliendo con un deber.

César intervino manoteando.

—¡Claro! ¿No ves que se dejó deslumbrar por la fama de un artista, está enredada en la maraña de su familia disfuncional y, por si fuera poco, se siente responsable por la invalidez de un muchacho?

El diagnóstico de mi esposo era demasiado cruel, pero no por ello dejaba de ser verdadero.

—Espera —respondí levantando una mano—. Contéstame tú, Patricia y dime la verdad.

Inclinó el rostro ruborizándose más de lo que estaba. El gesto decadente terminó de confirmar todos mis temores.

—Tengo un retraso —contestó—, creo... que...—agachó la cabeza—, estoy embarazada...

César giró por completo con la boca abierta y desanduvo lentamente la distancia que había puesto de por medio. Patricia me miró suplicante, como si sólo yo pudiera restituir al banco emocional de su padre los puntos que ella había restado. Pero permanecí callada. César al ver mi mutismo, giró para retirarse. No entró a la casa ni abordó el automóvil. Sólo echó a andar por la acera como si emprender una caminata sin rumbo pudiera ayudarlo a ordenar sus ideas. Patricia lo vio alejarse.

—Creí que éramos amigas, Blanca. ¿Por qué no dijiste nada para defenderme?

—Es mejor que hablemos a solas.

Hizo la cabeza hacia atrás en un gesto retador, pero al mirarme de frente rectificó su postura. Nos había costado mucho cultivar una relación de compañerismo y borrar las desventajas que supone el ser madrastra e hijastra.

—Te respeto y te quiero —asintió en señal de correspondencia—. En toda esta historia sólo me preocupa tu felicidad futura. ¿Sabes que Fausto está en la cárcel?

—¡Cómo!

—Olga lo denunció por haberla golpeado. Es cierto que con dinero y un buen abogado saldrá bajo fianza, pero también es verdad que si tú te abrazas a un soldado que se halla en plena guerra, no podrás evitar que te rocíen de balas... ¿me explico?

La figura era clara, pero Patricia se asió de ella para protestar.

—¿Y si el soldado me abraza a mí? Tal vez esté herido y sólo yo pueda salvarlo.

—A ver —contesté—. Esto me suena a la "mujer súper poderosa". Vamos a analizar las cosas. ¿Quieres casarte con Fausto por amor o sólo estás envuelta, como dijo tu papá, en un compromiso en el que te sientes responsable de curar heridas ajenas?

—Estoy enamorada de él. Traté de embarazarme a propósito.

—¡Pero qué locura! Ese es el peor recurso que se puede usar para atrapar a un hombre. La mujer que lo hace se rebaja y provoca que el galán termine despreciándola.

—¡Fausto y yo nos amamos!

—De acuerdo. No discutamos eso. Ahora dime ¿a pesar de que quizá des a luz un bebé, quieres quedarte también con Román?

—Sí.

—¿Y estás consciente de que Olga hará cualquier cosa por evitarlo? ¿Sabes que tiene una hermana influyente con sed de destrucción?

—Sí, he pensado en eso, pero Fausto adora a Román y me ha dicho varias veces que quiere quedarse con su custodia a como dé lugar.

—¿Pero por qué? ¡Él tiene tres hijos! ¿Qué hay de las gemelas? ¿Por qué insiste en separar a los hermanos? Yo no quise opinar cuando estaba tu padre aquí, pero estás metida en un grave problema: Fausto es una persona con un ego engrandecido, adicción a la pornografía, buscador recurrente de escapes sexuales fuera del hogar. Tiene patrones nocivos que posiblemente repetirá en su nuevo matrimonio. Además, está metido en problemas legales que quizá lo dejen muy pronto en bancarrota. Su crisis personal es grande.

Patricia pareció asustada, luego se irguió recuperando apostura como si su decisión obcecada de casarse se debiera más a un lavado de cerebro que a un razonamiento lógico.

—Si Fausto cayó en conductas indebidas —contestó—, seguramente fue por que Olga lo orilló... —se llevó un dedo a la boca par morderse la uña—, lo de la bancarrota no lo sabía, pero no me importa. Créeme. Ya he tomado una determinación y lo que menos necesito es que me llenes de temores.

—Sólo quiero ayudarte.

—¡Pues hazlo! Estoy en un camino sin regreso. Mejor dame algunas recomendaciones. Eres especialista en ello ¿no?

Su petición estaba envestida de cierta dosis de ironía. Decidí actuar con humildad y dejar de contender.

—Bien —le dije muy despacio—. No pienses que quiero asustarte, pero casarte con un hombre divorciado, con hijos de su primer matrimonio hará tu vida muy difícil. El índice de separaciones en estos casos supera con creces a las de las primeras nupcias. En vez de comenzar con un individuo a crear tu propia historia, te estarás incluyendo tardíamente en la suya. En las familias combinadas, los miembros carecen de un pasado común, no poseen las mismas rutinas ni la misma forma de hacer las cosas.

—¿Y eso qué importa? Todo se va logrando con el tiempo.

—Claro, Patricia, pero trata de escuchar. No existen dos familias iguales. Cada una tiene diferentes hábitos. Piensa en esta lista: Horarios de sueño, comida y trabajo; manejo del tiempo libre; disciplina en deportes, lectura, estudio; ambiciones económicas, artísticas, sociales, profesionales; aseo; tradiciones; religión… Ahora comprende: En un primer matrimonio los cónyuges requieren ponerse de acuerdo para formar hábitos nuevos y diferentes. Una combinación. Los hijos contribuyen a ello en un proceso gradual. A los pocos años, la identidad de la familia está definida. Si ocurre un divorcio, todos ya están hechos a una forma. Quizá los adultos traten de empezar de cero, pero los niños ni siquiera lo intentarán. Verán con malos ojos todos los hábitos de su madrastra o padrastro sólo por ser distintos.

—¡Terminarán adaptándose! —objetó—. No lo niegues, Blanca. Todos lo hacemos. Yo lo hice.

—Patricia, nosotras somos amigas, pero nos ha costado muchas lágrimas llegar hasta este punto, y lo conseguimos gracias a la madurez de ambas. Sin embargo, recuerda cuánto rencor me tuviste porque cuando yo llegué a tu vida, se murieron en ti las últimas ilusiones de que tus padres volvieran a unirse.

No contestó de inmediato. Quizá la exploración de esas ideas estaba despertando en ella sentimientos que ya había olvidado.

—Pero mi matrimonio será diferente —dijo sin mucha seguridad—. El jovencito, Román, me ama. Más que a su misma madre. Casi podría apostarlo.

—Ay, Patricia —moví la cabeza—. Ojalá pudiera ser así…

—¿Por qué lo dudas?

—Mira. Un padre no es quien engendra sino quien educa y Román *ya ha sido educado* por Olga… Tú nunca podrás sustituir a su verdadera madre.

—Eres muy dura...

—¡Sólo trato de abrirte los ojos! No puedo aconsejarte que desandes el camino, pero es mi deber advertirte que si te casas con Fausto, nada será fácil y deberás poner más esmero del que pondrías en un matrimonio normal. Deja de creerte la mujer súper poderosa y escucha. Una familia combinada no es juego.

—¡Pero tú lo has dicho! Todo se resuelve con esmero. Es tu sentencia favorita. No me lo puedes negar. "¿Quieres dominar algo?, ¿cualquier cosa? Sólo hay tres requisitos: Práctica, práctica y práctica".

—¡De acuerdo! ¿Y dime qué práctica tienes como madre? —me observó con una combinación de impotencia y coraje—. ¡Ninguna! —continué—, ¿verdad? Las personas aprendemos a ser papás de forma progresiva, en un laboratorio familiar en el que cometemos errores y aciertos con hijos que van creciendo a nuestro lado. Al casarte con Fausto deberás lograr que un hijo ajeno te ame y te respete, sin tener la experiencia para inducirle disciplina, ni la autoridad para exigírsela.

—No lo puedo creer —susurró en tono de broma—. ¡Ahora dime algo positivo o vas a ser culpable de mi suicidio!

Sonreí.

—Tengo mucha hambre. —contesté—. ¿Podemos conversar mientras comemos?

Asintió.

23

PADRASTROS, HIJASTROS Y HERMANASTROS

Una pausa nos iba a ser muy útil. Buscó las llaves en sus bolsillos. No las traía. Se habían quedado pegadas en el coche. Fue por ellas. Entramos a la casa y yo me dirigí a la cocina para preparar dos emparedados. Después de un rato, sentadas una frente a la otra saciábamos nuestro apetito.

—A ver —comenté—. Déjame poner en orden las ideas. Voy a mostrarte una hoja con los principios básicos que deben seguir las familias combinadas.

Dijo que sí con la cabeza.

Extraje el documento y lo leí con ella.

1. TOLERANCIA EN EL PERIODO DE TRANSICIÓN

En una familia combinada, la luna de miel termina muy rápido. Todos se sienten un poco extraños. Tanto a la madrastra como al padre biológico le urge que los niños acepten la nueva situación, por eso suelen apresurar y hasta forzar las cosas. Las escenas explosivas de algunos miembros impacientes, con frecuencia echan por tierra el proceso de adaptación. Cada uno debe poner de su parte para tolerar cambios en sus antiguos hábitos, encontrar un punto medio para hacer las cosas y no obstinarse en continuar las tradiciones del pasado.

2. HACER LAZOS CON BASE EN LA AMISTAD

Los miembros de una familia combinada deben tratarse como nuevos "amigos". Si dos personas desean cultivar su amistad, charlarán mucho, procurarán no herirse y se conocerán poco a poco sin presionarse ni juzgarse. Para educar a un hijastro, es necesario *no* verlo como un niño rebelde, sino como otra persona con quien hay que construir una amistad. Mientras más momentos agradables pasen juntos, más crecerá la amistad y el niño aceptará la autoridad del nuevo adulto de forma natural.

3. CREACIÓN DE COMPROMISOS INTERPERSONALES

Al lazo afectivo, es preciso agregarle "compromiso mutuo", es decir, *reglas*: Juntos establecerán las responsabilidades por cumplir y, de forma respetuosa, se animarán mutuamente (el padrastro supervisará al hijastro y viceversa). Deberá crearse un pacto bilateral de no fallarse.

4. CREACIÓN DE UNA RED EQUILIBRADA DE LEALTAD

En las segundas nupcias, con frecuencia conviven hermanastros y medios hermanos. Los padres suelen tomar partido para defender y ayudar a sus hijos biológicos y, a veces de forma inconsciente, menosprecian a sus hijastros. (*Síndrome de la Cenicienta*). Esto crea bandos de rivalidad. Antes de formar una familia combinada, los adultos deben prometer que tratarán a todos los hijos con el mismo amor y lealtad.

5. CREACIÓN DE UN NUEVO TECHO PROTECTOR

En un matrimonio de primeras nupcias cada individuo se inclina, de forma voluntaria, hacia el ser amado formando una especie de techo protector a dos aguas:

Ese techo brinda resguardo emocional a los hijos. Cuando las personas se pelean, ambas deciden erguirse y apartarse, dejando a los niños desprotegidos:

Por eso los hijos de divorciados tienen tantos problemas de autoestima. Les ha "llovido" de forma inclemente. Al formar una familia combinada ambos adultos deben volver a inclinarse (más aún) para formar un resguardo emocional sin filtraciones. Esto significa promulgar por la cohesión y la armonía. Los niños serán mucho más exigentes en esta nueva oportunidad. Si notan que los adultos pelean, se rebelarán de forma drástica, pues se darán cuenta que siguen desprotegidos y sólo fueron movidos de un campo de batalla a otro.

6. CONVIVENCIA INTENSA

La principal desventaja de las familias mixtas, es su falta de "pasado común". Los valiosos años en los que no convivieron juntos, deben ser compensados por una intensa convivencia posterior, más intensa incluso que si se tratara de una familia normal: viajando, haciendo deporte, trabajando y divirtiéndose. Sólo de esa forma se creará una historia propia que le dará identidad a la nueva familia.

7. CREACIÓN DE BARRERAS CONTRA ATENTADOS

En las familias combinadas suele ocurrir que un miembro atenta calladamente contra otro. Los adultos deben detectar los posibles abusos y sabotajes con anticipación; desbaratarlos, poner barreras para que no sucedan y mantenerse alertas durante toda la vida.

César entró a la casa; tenía una expresión tétrica que impidió a su hija decir palabra. Pasó de frente y se dirigió a su estudio. La joven parpadeó entristecida. Observó el documento y dijo:

—Que difícil ¿no?, ¡nunca lo había pensado! Si me quedo con la custodia de Román ¿cómo podré regañarlo cuando se porte mal, si no tendré autoridad sobre él?

—La tendrás, pero no a ultranza, sino basada en un pacto mutuo de buen comportamiento. Cada vez que Román falle tú deberás reprenderlo y mostrarte ofendida, pero después de llamarle la atención, necesitarás hablar con él para recordarle que ustedes son compañeros de vida y no existe rivalidad. Ahora recuerda que esto será gradual. Al principio, siempre conviene que el padre biológico se encargue de reprender a sus hijos.

—¿Y si con el tiempo me califica como una entrometida... y llega a creer que por mi culpa se desintegró su hogar?

—Deberás mantener mucha comunicación con él para que eso no pase.

—¿Y si tiene razón? ¿Cómo justifico mis errores?

—No lo hagas. Cuando un niño piensa que tú has actuado con intenciones de fastidiarlo, se rebela, se enfurece y te guarda rencor, pero si le explicas que no quisiste lastimarlo y le pides una disculpa por tus faltas, casi siempre, se echa a tus brazos y te perdona. Eso ocurrió después del accidente cuando fuiste a verlo al hospital. ¿Recuerdas? Así somos los seres humanos: podemos dispensar cualquier error involuntario de los demás, pero no perdonamos las malas intenciones.

Estudió el escrito como el cliente que analiza con desagrado la cuenta de un proveedor, sabiéndose obligado a pagar, pero resistiéndose a la idea de sacar la billetera.

—Es posible que tenga un bebé —dijo quejándose—. Lo anhelo con toda el alma. Aquí enfatizas el "equilibrio de lealtad". No sé si podré lograrlo... Ser justa siempre, amando igual al hijo consanguíneo de Olga que al de mi propia sangre.

Evidentemente Patricia ignoraba que Román no era en realidad hijo de Olga. "Mejor", pensé; "un niño adoptado tiene todos los privilegios que un hijo biológico y así debe ser tratado".

—Podrás —dije después—, pero no será fácil. Es verdad que, si estás embarazada, cuando nazca tu bebé, Román se sentirá relegado, creerá haberte perdido y volverá a añorar a su mamá, pero si eres inteligente, le harás saber que cada persona tiene su propio lugar insustituible, que las relaciones humanas son individuales y tú lo amas igual aunque haya llegado otro miembro a la familia.

—¿Y eso será verdad? Quiero decir, ¿es posible, Blanca?

—Bueno, las familias están formadas por individuos y aunque supongamos tener buenas relaciones "familiares", en realidad sólo existen las "personales". *Cada uno* debe cuidar su relación con *cada una* de las personas que forman el hogar.

—¿Entonces —dijo Patricia abanicándose con el documento—, en conclusión, debo seguir estos principios al pie de la letra?

—Sí —respondí—. Aunque con sensibilidad y atención, como lo aclara el séptimo. He sabido de casos en los que la madre biológica no percibe las señales de auxilio que sus hijas le dan cuando están sufriendo abuso sexual por el padrastro.

Patricia dejó de mover la hoja.

—El incesto es común en las familias mixtas —agregué con tristeza—. Cuando la madre tiene una hija, al crecer puede despertar instintos sexuales en el esposo de su mamá.

—¿Y eso cómo se evita?

—Hablando expresamente al respecto desde el periodo de transición y estableciendo (sobre todo ellos dos) una vigilancia permanente para cortar de tajo las menores manifestaciones de atracción que puedan darse. Las personas del sexo opuesto tienen dos vínculos: uno espiritual y otro físico. Entre padrastro e hijastra, mientras más fuerte sea el vínculo espiritual y menor el físico, más difícil es que sobrevenga un incesto, y por el contrario, mientras más débil sea su relación espiritual y mayor la corporal, más fácil puede ocurrir la abominación. Entre madrastra e hijastro, el problema es menos frecuente, pero también se da. Esto te lo digo para que tengas cuidado con Román y le des un giro a la relación entre tú y él.

—¿Pero cómo puedes pensar eso, Blanca?

—Dijiste que te coqueteaba, te cortejaba, te admiraba, en otras palabras, que eras su amor platónico... Eso no es peligroso ahora, pero puede serlo dentro de algunos años. Deben hablar del tema y cambiar las bases de su relación conscientemente desde hoy...

—Eres una exagerada.

—No lo digo por ti... Román es hombre y sus reacciones hormonales pueden llegar a ser muy intensas.

—¡Vaya!

—Como ves, las familias mixtas tienen características especiales.

Miró la hoja de principios básicos otra vez. El saldo que arrojaba no dejaba de ser alto, pero la joven parecía estar comenzando a asimilar el pago.

—¿Me la regalas?

—Claro.

En ese instante, César se aproximó a nosotras caminando con pasos sigilosos. Daba la apariencia de estar más tranquilo, pero su ceño aún permanecía fruncido.

Se detuvo junto a mí.

Hubo un largo silencio.

Patricia se puso de pie y se acercó para abrazarlo. Mi esposo, con un rictus evidente de amargor, le puso una mano sobre la espalda. El tímido contacto paterno produjo en la joven una reacción eléctrica. Eran padre e hija envueltos en un instante que se anudaba deteniendo el tiempo, un instante que parece eternizarse para dejar en el alma una huella imperecedera.

Me retiré de ahí deseosa de estar un rato a solas y obligada a darle a Cesar y a Patricia un espacio para que hablaran en privado.

24

ACUERDO, CONTRATO O PACTO

La noche siguiente, Fausto llegó a nuestra casa.

Estábamos Patricia, mi esposo y yo tomando un café alrededor de la mesa sin emitir palabras. Veinticuatro horas no habían sido suficientes para digerir en la mente las ideas y sorpresas que ingerimos el día anterior.

En la calle se escuchó un claxon lejano.

Patricia saltó de su silla. La sombra de un pensamiento intemperante le descompuso el gesto.

—Me tengo que ir —quiso despedirse—. Vengo al rato.

—¡Un momento! —dijo César poniéndose de pie—. Tú serás muy mayorcita, pero debes respetar la casa. Ya me cansé de este juego. Si el señor Fausto está acostumbrado a tratarte como a una cualquiera, tocando el claxon para que salgas a verlo, es hora de hablar con él. Tenemos muchas cosas que aclarar.

César se adelantó con intenciones de salir hasta la calle e invitar personalmente al recién llegado a pasar.

—Alto, papá. Yo lo haré. Espérame aquí. Le diré que entre y se presente con ustedes.

Mi esposo aguardó en la puerta, mirando hacia fuera.

Patricia y su galán tardaron mucho tiempo hablando en la calle. Al fin entraron a la casa. Ella lo tomaba del brazo. Fausto se veía apocado y hasta bajo de estatura. Su expresión denotaba circunspección. Quizá pasó el día anterior detenido y tenía poco tiempo de haber abandonado la comisaría dejando una fianza a cambio de su libertad provisional. Lo observé. Se movía con la

165

torpeza que se mueven quienes se sienten avergonzados, ya no del momento presente, sino de su vida entera.

—Buenas noches —le dijo César.

—Buenas noches, señor —contestó tendiendo la mano con humildad y dando unos pasitos laterales para refugiarse detrás de la mesita de la sala.

Cuando levantó los ojos y me miró, el mohín de turbado se le paralizó en el rostro. Durante varios segundos no hablamos. Recordé los razonamientos que hice con él unos días antes: "los más terribles discursos de reclamo no requieren palabras; se dicen con la actitud y se transmiten a base de vibraciones álgidas".

Me moví despacio para alcanzar mi bolso. Saque el cheque emitido por "Nueva Perspectiva S.A. de C.V.", y lo dejé caer sobre la mesa de centro que nos separaba.

—La próxima vez— le dije—, que trates de contratar a un terapeuta, procura darle la cara y explicarle tus necesidades con valor. Algunas personas no soportamos ser utilizadas.

—No... —se atragantó y volvió a comenzar—. No quise utilizarte. Fue una forma de pedir ayuda. Patricia me lo sugirió. Yo estaba indeciso. De cualquier forma, trabajaste mucho con Olga Nidia. No me lo tomes a mal: quédate con el dinero.

Moví la cabeza. Tomé el cheque de nuevo y lo rompí.

—¿Quieren sentarse? —invitó César.

Todos lo hicimos. El gigantón se veía abochornado.

—Me he enterado de asuntos suyos —retomó mi esposo llevando la conversación hacia otro tema—, que perjudican de forma directa a mi hija.

Aunque Fausto estaba acorralado, parecía dispuesto a mostrar todas sus cartas.

—Tiene razón, señor, y le pido una disculpa. Patricia y yo no hemos definido nuestro futuro, pero hoy pensaba hablar con ella para después hacerlo con usted.

—¿De veras? —chasqueó César—. ¿Por qué será que no le creo?

—Cuando se vive el infierno de un divorcio, es fácil olvidarse de las cortesías y tradiciones sociales. Le pido perdón, otra vez.

Me asombré de la forma en que cambia la imagen de las personas según las circunstancias. Lo había visto representar el papel de malandrín agresor; el de artista incomprendido, y ahora, el de torpe enamorado reconvenido por su posible futuro suegro.

—A ver —inquirió César—. ¿Me puede explicar cuáles son sus intenciones exactas con mi hija?

—Bueno —suspiró—. Usted quizá sabe que estoy pasando por un litigio de separación. No puedo volver a casarme hasta que arregle todos mis papeles.

—¿Y eso ocurrirá durante la próxima década?

—Sí.

—No juegue conmigo, por favor.

—Fausto —intervine para abreviar esfuerzos—. Tienes cuarenta y tantos años de edad, tres hijos, una ex esposa resentida, muchos conflictos legales y una vida artística truncada. Patricia, por su parte, es soltera, tiene veinticuatro años y... —estuve a punto de decir que quizá se hallaba embarazada, pero me detuve para echarle un vistazo a mi hijastra quien me hizo una seña negativa—. La unión entre ustedes supone muchos problemas. Lo que mi esposo quiere saber es si estás consciente de ellos y dispuesto a afrontarlos.

El cantante se jaló la piel del rostro haciendo que su nariz pareciera una quilla desvencijada.

—Pues sí —abrió las manos—. Amo a Patricia y lucharé por hacerla feliz.

—Me suenas muy diplomático.

—Estoy siendo sincero.

—Tu proceso de divorcio —aclaré—, está atascado porque pretendes quedarte con Román, y Olga Nidia no está dispuesta a cedértelo. El niño se ha convertido en la manzana de la discordia. Las cosas jamás se definirán hasta que lleguen a un acuerdo.

—Lo sé…

El teléfono sonó. Mi marido se incorporó con pesadez para contestar. Después regresó la bocina a su sitio.

—Colgaron.

—¿Decías? —inquirí a Fausto.

—En realidad, necesitaba hablar con Patricia, antes de hacerlo con sus padres… es decir con su papá y contigo —me molestó la distinción, no pude disimularlo—. Sé que la quieres como si fuera tu hija —quiso corregir—, pero déjenos arreglar nuestra vida solos. Ya les informaremos el acuerdo al que lleguemos… —tomó a la chica de la mano y la miró como adelantándole parte de sus nuevos discernimientos—: Quizá no nos quedemos con la custodia de Román.

La frase sonó como un edicto precautorio hecho después de pasar por suplicios que no se quieren volver a vivir.

—¿De qué depende? —preguntó César.

—De lo que Patricia opine.

La joven hizo un pequeño rebote en el sillón para apretarse contra el cuerpo de su galán.

—Lo que Fausto resuelva está bien. Si desea que cuidemos a sus tres hijos, para mí no hay problema. Lo amo y no pongo condiciones. Si, por otro lado, decide que Olga se quede con los niños, también lo apoyo. Yo me quiero casar con él. Sé que tiene un pasado y lo acepto con todo el paquete.

Fausto la rodeó por la espalda. César y yo nos quedamos mudos. Paradójicamente la insensatez de esas palabras constituía el argumento más sensato de toda la polémica.

La pareja se puso de pie.

—Si nos permiten —dijo Fausto—, Patricia y yo deseamos ir a cenar.

César hizo un ademán, más de resignación que de conformidad.

Los amantes se fueron.

César y yo permanecimos en silencio por un largo rato.

—¿Por qué me siento tan desdichado? —preguntó mi esposo sin esperar una respuesta—. El amor verdadero, involucra pensamiento y voluntad… Mi hija sólo está deslumbrada. No debería casarse con ese señor… —Suspiré con impotencia—. Además —continuó César—. Fausto se comporta muy evasivo… ¡Es obvio que no está dispuesto a apostar su vida por mi hija! Alguna vez te escuché decir en una charla que el compromiso se mide según el lazo que se está dispuesto a realizar. ¿Cómo era aquella tesis?

No tuve fuerzas para responder con entusiasmo ni para moverme con rapidez, pero me puse de pie, alcance mi carpeta y extraje un documento. Se lo di a César.

—Exacto —confirmó—, a esto me refería—. ¡Cómo me gustaría detectar en Fausto intenciones más serias! —Fijó sus ojos en el documento y lo leyó para reconfirmar su teoría.

LAS TRES FORMAS DE COMPROMETERSE

1ª. MEDIANTE UN ACUERDO

Las personas hacen un lazo verbal respaldado por emociones del momento. Aceptan intercambiar beneficios mientras así les convenga, como en noviazgos, uniones libres y negocios pequeños. Las relaciones afectivas que se hacen en este nivel, tienen un tiempo de vida corto, pues los sentimientos y conveniencias de las personas cambian día con día.

2ª. MEDIANTE UN CONTRATO

Se crea una obligación legal con testigos y penalizaciones explícitas como en matrimonios por el civil, relaciones laborales y tratos comerciales a largo plazo. El lazo, es por escrito y las personas implicadas se comprometen a dar "algo" a cambio de "algo". Si una de las partes infringe las cláusulas, la otra puede solicitar, mediante vías legales, la recesión del contrato y la indemnización por los daños que se le ocasionaron.

3ª. MEDIANTE UN PACTO

En este nivel máximo de unión, los implicados apuestan su integridad y su credibilidad, aún a costa de no recibir nada a cambio. Las cláusulas de un pacto no están hechas con palabras escritas sino con promesas de honor, como en trabajos de gran responsabilidad, matrimonios serios, consagraciones religiosas y cuidado de los hijos. Los pactos se convierten en proyectos de vida.

Todos somos libres para anular obligaciones adquiridas. Cuando hacemos esto, debemos pagar un costo (pérdidas económicas, sociales, familiares, de salud o espirituales). El importe a pagar será mayor mientras más alto rango tenga el compromiso que rompimos.

El teléfono volvió a sonar. Mi esposo dejó a un lado la mica y contestó con una voz mucho más cortante. Esta vez la persona que llamaba se animó a responder.

César tosió.

Siguiendo una inercia de fraseología hueca, preguntó tartamudeando:

—¿De... de... pa... parte de quién?

Hubo una pausa tirante.

—Es para ti —me dijo al fin con el rostro desencajado.

—¿Quién es?

—Olga Nidia...

Me quedé estática.

—Contesta —instó César haciéndome notar lo ineludible.
Tomé el auricular.

—¿Si? —escuché el sonido de una respiración—, ¿hola? —repetí el saludo.

—Hola, Blanca —dijo Olga al fin—. Lo pensé mucho antes de llamarte.

Enmudeció otra vez.

—¿Estás bien? —pregunté.

—Sí... Mi hermana se llevó a Román... También a Sandy y a Sindi. Han sido unos días muy difíciles —hizo una larga pausa, después comenzó a hablar de nuevo; esta vez con frases inconexas y discontinuas que dejaban entrever un profundo dolor—. Acabo de leer la carta que nos escribiste. Tu testimonio me conmovió. Estoy agotada... Algunas de tus ideas son muy buenas.... El chofer me dijo que ayer Román abrazaba a Patricia y que él había tenido que arrancarlo de sus brazos.... Así que seguí uno de tus consejos... Me encerré con mi hijo en una habitación y traté de descifrar sus mensajes... ¿Sabes por qué nunca he podido hablar con Dios? Porque tuve una tía amargada, muy religiosa, que me obligaba a rezar todos los días a punta de vara... Si te desilusionas de quien pregona unos conceptos, dejas de creer en los conceptos —se detuvo, parecía estar luchando por no quedar sepultada en una avalancha de tristeza—. En fin —continuó—. Román me dijo que se había asustado mucho cuando me vio pelear con Patricia... Los niños son muy injustos. No valoran el sacrificio de sus padres. Se dejan engañar fácilmente —un resuello le cortó la voz—. Le pregunté —volvió a interrumpirse—, le pregunté con quién quería vivir y dijo que le daba igual. ¡Le daba igual! —el malestar le impedía hablar con fluidez—, eso no es posible ¿verdad? Tú me lo enseñaste. Hay que saber descifrar lo que los niños quieren decir...

Nidia se dejó vencer por el alud de congoja. Esta vez sus palabras se interrumpieron durante casi un minuto. En la sala, César me miraba expectante.

—Hace unos días —continuó con la voz deforme—, me invadió una ola de desaliento y coraje... Le di un palazo al gato de los vecinos y el pobre animal herido se metió debajo de la estufa. Me puse a tomar pastillas para el insomnio y a dormir. Ya no quiero caer más. Ya no más. Ustedes ganan. Por eso te hablé... Ustedes ganan...

—¿Nosotros? —pregunté—, ¿a qué te refieres?

—Patricia y tú y Fausto. Sé que están en combinación. ¿Desean que les firme la patria potestad de Román? ¡Pues lo voy a hacer! Es lo que el niño quiere también, y es lo mejor para él, ¿no es cierto?

—Olga. Creo que debemos hablar. En persona. ¿Por qué no nos vemos en un restaurante mañana? Le pediré a Fausto que vaya.

—¿Le pedirás a Fausto? Sí... sí... ya sé que lo ves seguido. Muy bien. Ya te lo dije: Ustedes ganan. Mañana nos vemos. Traigan a sus abogados si quieren. Yo no pienso defenderme. ¡Ah! Diles a Patricia y a César que vengan también...

Me dio el nombre de una cafetería cercana a su casa, aclaró de manera intempestiva que nos esperaba ahí a las diez de la mañana y colgó sin darme la oportunidad de opinar.

Me quedé con el auricular en la oreja unos segundos.

—¿Qué pasó? —preguntó mi esposo.

—Esta mujer es álgida.

172

Fui por mi carpeta de trabajo para buscar su número telefónico y le marqué. Contestó casi al instante.

—¿Por qué me colgaste? —le reclamé—. ¡No estoy dispuesta a permitir que me sigas tratando así! Yo nunca he sido grosera contigo —gimió de forma convulsiva expeliendo un mar de llanto contenido—. Nidia. ¿Qué te ocurre?

—No lo sé. Estoy peor que nunca.

Bajé la guardia.

—Debes sobreponerte.

—¿Cómo? Si mis mejores amigos siempre me traicionan.

—No digas eso. Tú y yo hemos trabajado por varios días. En ese tiempo aprendí a quererte. Por desgracia, al final hubo un malentendido.

—¿Lo hubo?

—Sí. No soy cómplice de nadie. Todas las palabras que te dije fueron sinceras... objetivas... con la única intención de ayudarte. Cuando te referías a la amante de Fausto, yo ignoraba que se trataba de mi hijastra. También fui engañada... Perdóname si te lastimé. Nunca tuve la intención hacerlo...

—¿De verdad no sabías?

—No... —hubo un silencio en la línea sólo entrecortado por sus gemidos irregulares—. Trata de relajarte y descansar esta noche —le recomendé—. Mañana nos vemos a las diez.

—Sí... —susurró apenas—. De acuerdo.

25

MATERIAL CONCLUSIVO

Me pareció impropio ir a la última reunión con Fausto y Olga sin preparar el material conclusivo de un trabajo que las circunstancias no nos permitieron continuar ni terminar.

Esa noche, separé el resumen de los puntos más importantes del proceso de rehabilitación. Necesitaba repasarlos con ellos, instarlos a que los siguieran y animarlos a que hicieran los ejercicios una y otra vez, hasta que sintieran sus efectos sanadores.

CONTRAVENENO

Las rupturas y pérdidas afectivas son situaciones que muchas veces pueden evitarse, pero una vez que ocurren, envenenan el alma.

Las personas afectadas necesitan someterse a un proceso de desintoxicación que puede llevar un año o más.

A continuación se menciona el compendio de los ejercicios para lograrlo.

1. HAGA LA AUTOPSIA

Entre dos personas que se aman, cobra vida un nuevo ser: *la relación*.

La relación nace, crece, madura y puede enfermar o morir.

Al morir la relación, usted sufrirá un duelo. Deberá encontrar el "cadáver" y abrirlo para analizar cómo falleció. Conocer las causas del deceso es el primer paso para comenzar a asimilar la pérdida.

Algunas de las preguntas que puede hacerse son: ¿Cómo empezaron los problemas? ¿Cuáles fueron mis fallas? ¿Y las de la otra persona? ¿Quién fue el iniciador de la ruptura? ¿Por qué? ¿En qué punto era todavía factible salvar la relación? ¿Por qué no lo hicimos? ¿Cuál fue la gota que derramó el vaso?

2. PERDÓNESE

Si realiza el primer paso, su ego se ablandará y la humildad dará pie al verdadero crecimiento.

Reconozca sus errores y acepte que el pasado no se puede modificar.

De ahora en adelante, vea su ruptura como *un accidente*. De esa forma, aunque su responsabilidad seguirá vigente, estará dispuesto a aceptar ayuda y a perdonarse a sí mismo.

Acuda a un grupo espiritual. También puede acudir aun psicólogo, a un grupo de autoayuda, o a amigos comprensivos y preparados. Comience una terapia de recuperación. Reconozca que no es perfecto, que ha sufrido un accidente (quizá provocado por usted mismo) y necesita amor y comprensión. Deje de justificarse.

3. ENCUENTRE LOS DIAMANTES

Desahóguese. Devuelva los recuerdos ingratos y expulse las emociones contenidas que se han echado a perder. No trate de reprimir la catarsis. Saque todo el veneno. Al final, quedará exhausto, pero limpio por dentro.

Ahora, revise lo que sacó. Cada suceso doloroso trae consigo diamantes de enseñanza.

Recuerde sus peores anécdotas; al hacerlo impreque y, si es necesario, llore abiertamente. Escriba. Vuelque en la redacción todos los detalles tristes y sentimientos negativos. Después, en otra hoja, anote lo que aprendió de aquel suceso. Finalmente deseche la primera redacción y guarde en una carpeta (que será como su alhajero), la joya de cuanto aprendió. De cada acontecimiento negativo, encuentre un tesoro de aprendizaje.

4. SOBREVIVA

La etapa de "tormenta" se caracteriza por emociones muy intensas. Negación: "esto no puede estar pasando". Depresión: "tengo deseos de morirme". Ira: "estoy furioso con todos". Enfrente cada una y día a día y vaya saliendo del estanque. ¿Cómo?

No piense más en el pasado. Tampoco se obsesione con el futuro. Viva intensamente y de forma sana cada momento del "hoy". Prohíbase los escapes destructivos como sexo, tabaco, alcohol, comida en exceso, intento de suicidio o drogas.

Si siente dolor, recuerde que no debe desesperarse. Acepte la realidad, valore la belleza de estar vivo, entréguese al presente y olvídese del resto.

Lea libros o inscríbase en programas de autoestima. Realice deportes y actividades físicas sanas. Haga algunas excursiones a la naturaleza. Disfrute el aire, el paisaje, las sensaciones de su cuerpo.

5. NEGOCIE

Arregle sus vínculos con los demás; incluso con su supuesto enemigo. La ruptura puede haber provocado la intervención de policías, abogados y jueces. Suavice las cosas. Muéstrese dispuesto a realizar más acuerdos y menos guerra.

Reúnase con su excónyuge. Establezcan reglas para negociar. Actúen sin exaltaciones. Siéntense a hablar sobre la disolución de su sociedad en quiebra. Acepte que gana unas cosas pero pierde otras. Para negociar hay que ceder. Mantén la cabeza fría. Haz un análisis cuantitativo de los bienes por repartir. En cada reunión hablen sobre un solo tema: hijos, dinero o trato para el futuro. No mezclen los conceptos. No busquen la repartición "justa" sino el punto en el que queden cubiertas las necesidades psicológicas y económicas de ambos. Privilegien a la mujer y a los hijos en el reparto.

6. PROTEJA A LOS NIÑOS

Los niños también están heridos. Voltee a verlos. Necesitan ayuda profesional, pero sobre todo, lo necesitan a usted.

Los adultos que se divorciaron deben verse ahora como "socios permanentes de un nuevo negocio": los hijos.

Comience un programa de desintoxicación para los niños. Ayúdelos a realizar, a su manera, todos los ejercicios del Contraveneno. Diseñe con su antigua pareja un pacto de alianza para educarlos con disciplina y amor. Expliquen el futuro a los niños y háganlos comprometerse con el convenio. Cada niño debe entender, memorizar y sobre todo aplicar el decálogo de los hijos de padres divorciados. Los adultos también seguirán las normas implícitas.

7. NO SE HAGA EL MÁRTIR Y ACTÚE

Usted tiene:

1. Una profunda herida emocional.

2. Un enorme caos funcional.

Separe ambas cosas.

La herida de su corazón es terrible, duele como una lesión física y sanará con el tiempo. Por otro lado, debe analizar su nueva realidad. Organícese y vuelva a ser productivo.

Vea su vida como en el árbol de la vida.

Follaje (dimensión pública): profesional, económica y social.

Tronco (dimensión de soporte): salud física, mental y conocimientos.

Raíces (dimensión secreta): relaciones familiares, afectivas y espirituales.

Realice una auditoria del estado real de cada área. Plantéese metas específicas con tiempos límites para obtener resultados. Compre una agenda y organice sus horarios. Escriba su lista de asuntos pendientes y realice uno por uno. Cada noche revise sus avances y programe el siguiente día. Ponga manos a la obra para lograr sus metas.

8. TÓMELO CON CALMA

No acepte otro romance sino hasta después de haberse desintoxicado por completo.

No trate de hacer que sus nuevas relaciones se hagan a su manera. ¡Sea flexible!

No juzgue a los demás. Vea más allá de las apariencias. Decodifique los mensajes ocultos.

Construya nuevos lazos con base en la amistad; cree compromisos interpersonales; forme una red equilibrada de lealtad; mantenga una convivencia intensa y cree barreras contra posibles atentados o abusos sexuales.

Origine una nueva historia de vida (con fotos, recuerdos gratos, celebraciones, sorpresas, etcétera.)

9. DEJE DE RESISTIRSE: ¡ACÉRQUESE A DIOS!

Cuando se pregunte dónde puede encontrar su misión en la vida, voltee a observar los problemas que tiene. ¡Ahí está el *marco* donde se le está pidiendo actuar!

Hemos sido creados con un propósito. La adversidad nos prepara y acerca más a él. Estamos llamados a ser almas superiores. Nuestros problemas de hoy, serán nuestros testimonios de mañana.

Comprenda que no puede llevar solo todas las cargas de su vida. Entréguese a Dios.

Si ha llegado a este punto y aún no lo ha hecho, deje de resistirse: Acérquese a un grupo de oración, pues sólo el Creador puede curar sus heridas por completo y renovar su vida.

10. IRRADIE PASIÓN POR LA VIDA

Usted sabe lo que es estar envenenado y a punto de morir. Sabe también lo que es sufrir, llorar y pagar un precio alto por los errores. Ahora se ha repuesto: Es libre para escoger nuevas rutas. Use su libertad con prudencia y valentía.

Usted es un gran ser humano, comience a demostrárselo. Madure cada día un poco más y sea feliz. Se convertirá en una fuente de aprendizaje y un manantial de alegría.

Pregone sus sueños. Alléguese de aliados y soñadores como usted. Actúe con pasión y disciplina. No ponga excusas. No se permita la postergación. Conviértase en una muestra viviente de que sí es posible triunfar.

26

DESPEDIDA

Llegué al restaurante puntual, justo detrás de Olga Nidia; el capitán la conducía a una mesa del rincón. Me vio cuando iba a sentarse. Por unos segundos, ninguna de las dos nos atrevimos a decir nada. Es muy distinto charlar de frente, que lanzar frases sueltas a través de un hilo telefónico. Volvió a erguirse.

—¿Ya estás mejor? — le pregunté.

—Sí...

Era mentira. Tenía los ojos hinchados de tanto llorar y su rostro había vuelto a adquirir ese matiz sombrío con el que la conocí.

El jefe de meseros permanecía de pie a unos metros con la impávida rigidez de una gárgola. Cuando hicimos el ademán de sentarnos, se aprestó a acomodarnos las sillas.

—¿Va a venir Fausto? —preguntó.

—Sí.

Agachó la cara con angustia.

Una oleada de simpatía me hizo hablarle con afecto y autoridad a la vez.

—Mírame a la cara por favor. Eres una mujer muy inteligente. También debes ser fuerte.

Me observó con amargura.

—No quiero enfrentarme a mi exmarido otra vez.

—Debes hacerlo. Los avestruces nunca resuelven sus problemas.

Parpadeó y se presionó los párpados con los dedos.

—¡Pero compréndeme! ¡No puedo hablar con él! Lo odio demasiado. Tanto, que a veces siento como si fuese un amor amargado...

—Pues díselo. No sólo el odio daña. También el amor que no se expresa. Recuerda que no puedes abrir una nueva página de tu vida si no has cerrado la anterior.

A los pocos minutos, llegó Fausto. Nos saludó con seriedad y tomó asiento. Fueron momentos de tensión. Permanecí callada por un largo rato, pero ninguno de ellos dijo palabra tampoco.

El mesero repartió los menús y ambos comenzaron a hojearlas con excesivo interés para evadirse de tener que iniciar un diálogo. Tuve que hacerme cargo de la reunión.

—De ahora en adelante —comencé a explicar—, no podré fungir más como moderadora entre ustedes porque he dejado de ser objetiva. El problema que tienen, también lo tiene mi familia y hay sentimientos que me afectan.

Abrí el fólder que había traído conmigo, extraje las copias y se las repartí. Nos circundaba un aire denso.

—Estudien este material. Imaginen que ambos están en el sótano de una casa derrumbada y hallan de pronto, frente a ustedes, una escalera de diez peldaños que los conduce a la superficie. No la pueden despreciar. Si valoran y practican los conceptos que hay en estas hojas, estarán afuera más pronto de lo que se imaginan.

Dejaron los menús sobre la mesa y tomaron el compendio para seguir refugiándose en una nueva lectura fingida. Después de largo rato, me di cuenta que ni estaban concentrados, ni era el mejor momento para darles una clase.

—Voy a dejarles los datos de un buen terapeuta, amigo mío. Ojalá que puedan continuar trabajando con él.

El mesero llegó con su libretita en mano. Ordené solo un vaso de jugo. Él solicitó café. Nidia movió la mano como despidiéndose para indicar que no apetecía nada.

—Si se dan cuenta —comenté—, el penúltimo paso del Contraveneno, habla de una evolución espiritual indispensable. Cuando las personas nos empeñamos en llevar sobre nosotros una carga de preocupaciones, culpas y problemas, es posible que acabemos aplastados.

Permanecían inexpresivos. Iba a ser difícil dirigir esta reunión, pero no habría otro momento para atreverme a hablar de ideas que tampoco podía darme el lujo de omitir.

—Yo estoy convencida de que así como nos asombramos con las maravillas de la naturaleza y del universo, nos asombraríamos aún más si pudiéramos ver la dimensión espiritual que nos rodea. Dios es el médico de médicos y el terapeuta de terapeutas. Si ustedes se entregan a él con verdadera humildad y decisión, ocurrirán milagros en sus vidas —Olga levantó la cara con los ojos muy abiertos. Fausto tomó los cubiertos y comenzó a jugar con ellos—. Cuando los seres humanos llegan al límite, y no pueden hacer más con sus fuerzas, están listos para entrar a los terrenos del Creador… si así lo desean. He visto matrimonios destruidos que se han vuelto a construir, he visto esposos separados que regresaron para ser felices como jamás lo fueron antes. Por otro lado, también he visto personas solas que encontraron el sustento y la fuerza espiritual para salir adelante. Es imposible arrancar del libro de tu vida las páginas que echaste a perder con rayones y groserías. Ya están escritas; tu única opción ahora, es levantar ese libro al cielo para ofrecerlo. Puedes recibir otro nuevo a cambio, pero deberás morir para volver a nacer. Deberás entregar tu existencia, tus seres queridos y tus pertenencias a Dios, pidiéndole la transformación. Hoy, tienes la oportunidad de recibir un libro nuevo. Si quieres, podrás redactar en él lo que desees. Pero anota el nombre del Señor en la primera página y pídele que no te deje escribirlo sólo. Dile que dejarás que él te guíe, que estarás dispuesto a hacer su voluntad y a entregarle, un libro con obras de arte, hechas por él, a través de ti.

Olga inhaló con profundidad moviendo un poco la cabeza. Fausto salió de su hermetismo y opinó en voz baja:

—Hemos recorrido un largo camino disolviendo un matrimonio irregular, como para considerar a esas alturas la posibilidad de desandarlo.

—Cierto —concordó Olga—. Nuestro divorcio es irrevocable.

—Como ustedes quieran —les dije—, pero de cualquier forma, deben buscar el sustento adecuado...

El mesero nos interrumpió colocando sobre la mesa las bebidas que habíamos pedido. Preguntó si se nos ofrecía algo más. Contestamos que no.

—La carta que les escribí —recordé—, terminaba con una pequeña oración. Hoy me gustaría hacer otra, para que las decisiones que todos tomemos a partir de este día obedezcan sobre todo a la verdad y a la justicia, más que a nuestro ego.

Descubrí que ambos parecían, al fin, más hambrientos de alimento para su alma, que para su cuerpo. Los tomé de las manos. Entre ellos no se tocaron. En cuanto comencé a hablar agacharon la cabeza como dispuestos a darse un momento de introspección.

—Señor... —comencé a decir—. Ayúdanos a razonar qué es lo correcto para todos. Hay muchas cosas que nosotros no podemos comprender, pero tú sí. Ignoro por qué nos uniste en una intersección de nuestros caminos a los tres. Ignoro por qué consentiste que trabajáramos juntos todos estos días; por qué sembraste en mi corazón el gran cariño que siento por Olga y Fausto. Hoy quiero pedirte que nos cubras con tu amor. Tú sabes cómo han sufrido. Conoces sus momentos de soledad y de tristeza. Tú los has visto llorar por la noche abrazando la almohada. Conoces sus corazones y los de sus tres hijos. Esta mañana invocamos tu nombre para suplicarte que te manifiestes en sus vidas, Señor. Sabes que ellos nunca desearon destruir su hogar. También conoces su incapacidad para pegar las piezas rotas. Emprendieron una aventura que concluyó en un precipicio. Hoy están agotados y quieren salir de ahí. Ayúdalos, Padre, otórgales el consuelo y el amor que tanto anhelan... Dales también a Sandy, a Sindi y a Román, una bendición especial; dales la protección y la fortaleza que les hace tanta falta. Amén.

Cuando terminé de hablar, mis amigos permanecieron inmóviles por un largo rato. Olga tenía los ojos cristalizados por el brillo de las lágrimas. Fausto miraba hacia abajo.

—En este ambiente de humildad —agregué—, deben ponerle un punto final a la guerra entre ustedes y firmar los acuerdos de paz. Vale la pena que se miren a los ojos y se digan algo agradable. Eso les ayudará a comenzar su nueva etapa.

Para mi sorpresa, Fausto asintió repetidas veces, suspiró y comenzó a hablar, aunque equivocadamente se dirigió a mí:

—Ayer por la mañana leí tu carta. Acababa de salir de la delegación. Lo que escribiste me animó a visitar la empresa en la que Olga trabajó. Decidí ir solo, sin decírselo a nadie; mi abogado no hubiera estado de acuerdo, pero yo necesitaba hablar con el presidente corporativo para pedirle una disculpa. El anciano se negó a recibirme. No lo culpo. La última vez que lo visité, casi me subí a su escritorio a bailar el jarabe tapatío.

Levanté la mano para interrumpirlo.

—¿Por qué no te diriges a Nidia? —le dije—. Imagina que yo no estoy aquí.

—De acuerdo —carraspeó—. Olga, yo no pensaba decirte esto, pero dadas las circunstancias... lo voy a hacer: Ayer, en tus antiguas oficinas me encontré a Marcelo.

Hizo una breve pausa para medir si en el rostro de Olga se dibujaba alguna vena de vibración. No fue así.

—En cuanto me vio, intentó escabullirse; me le interpuse para darle la mano. Pensé que quizá él podía llevarle el recado de mi arrepentimiento al dueño de la empresa. Marcelo aceptó escucharme. No me pasó a su despacho porque ya no tiene... Fue una sorpresa para mí. Se salió de la compañía, según me dijo, pero aún la visita para colaborar de forma independiente. Tuvimos una breve charla. Reconoció que toda su vida profesional y conyugal se descompuso a partir de la caída que tuvo contigo —la voz de Fausto se fue menguando como la llama de una estufa cuando se han agotado las reservas de gas—, le recomendé que luchara por su matrimonio, que hiciera hasta lo imposible por no dejarlo caer como lo hice yo. Le hablé de mis problemas, de mi infelicidad, del daño psicológico que han sufrido mis hijos, y también —tragó saliva para sujetar la oleada de desolación que amenazaba con sofocarlo—, de cómo hubiera querido comprender todo esto a tiempo. De cómo hubiera deseado tener el valor para morirme en la raya defendiendo mi hogar.

Olga Nidia, asombrada por el coloquio de Fausto, lo miraba con extrañeza teñida de desamor.

—¿Piensas eso en serio?

—Sí —en su rostro se dibujaba la nostalgia de los años perdidos—. Yo eché todo a perder. Estallo con facilidad ante la menor provocación, pero después me arrepiento. Me enemisté a muerte con tu hermana y con tu madre, y como tú te pareces un poco a ellas, me dediqué a aborrecerte por ese parecido. No tomé en cuenta que ellas eran parte de ti. No tomé en cuenta muchas cosas...

Ella tuvo unos segundos la boca abierta. Luego, respiró y recuperó la dureza de su rostro.

—Espero al menos que todas esas reflexiones te sirvan para no desamparar a tus hijos en el futuro.

Él inhaló con profundidad antes de decir:

—Te haré llegar una propuesta para la disolución de nuestra sociedad conyugal. Todo depende de cómo me vaya al final con la demanda que me hizo tu antigua empresa. Eso se definirá en unas semanas —hizo una pausa para pasarse los cubiertos de una mano a otra—. Por otra parte, quiero decirte —titubeó—, que no conviene separar a los niños... y deseo dejarte decidir lo que más les convenga a ellos... puedo tenerlos yo, para darte total libertad de rehacer tu vida, o puedes tenerlos tú con mi ayuda moral y económica.

Nidia no pudo aguantar más la necesidad de desahogarse y comenzó a llorar.

Era la ruptura definitiva de dos personas que se habían unido años atrás con todas las ilusiones de compartir su vida. Si las despedidas pudieran clasificarse por rangos de dolor, la de una pareja que se separa para siempre tendría una de las mayores jerarquías.

—Yo tampoco pensaba decirte esto... —comentó Olga sin tratar de refrenar su congoja—, de hecho, hace mucho había olvidado que tengo algo que agradecerte... —se detuvo unos segundos—, pero lo tengo —continuó—. A manera de despedida quiero darte las gracias —su dolor se intensificó y estuvo a punto de hacerla claudicar, pero se controló—. Gracias, Fausto, por la extraordinaria luna de miel que me diste... por la fiesta sorpresa que me preparaste en dos de mis cumpleaños... porque me ayudaste a salir de mi depresión cuando nos notificaron que no podíamos tener hijos... porque me obligaste a comprender que la vida continuaba y teníamos otras opciones. Gracias porque tuviste la idea de que adoptáramos a Román... porque estuviste a mi lado cuando pasé por el doloroso y largo proceso de fertilización asistida... —se limpió las lágrimas con una mano, pero sólo logró tiznarse la cara con el rímel; siguió diciendo—: gracias porque lloraste conmigo cuando supimos que los intentos fallaban uno tras otro... porque compraste una casa lujosa e hiciste grandes esfuerzos por darnos comodidades... Gracias porque cuando comías algo delicioso, siempre me convidabas... y me cedías el último bocado... —las palabras parecían una ablución a su alma en carne viva—. Gracias porque cada año... sin fallar... tú pusiste la estrella del pino de Navidad...

Siguió llorando.

Pareció por un instante que las personas a nuestro alrededor se convertían en una distante pintura. La ambientación se cristalizó como el tiempo de forma clara. Ignoro cuántos minutos estuvimos atrapados en esa mágica fracción de vida en la que el mundo había dejado de girar.

Me puse de pie, fui hasta el lugar de cada uno y me despedí de ellos con un abrazo. Salí del restaurante dejándolos a solas para que terminaran de cerrar el último capítulo de su separación.

Fue la última vez que los vi juntos.

27

MADRE SOLA

Olga Nidia:

He contactado con un amigo escritor que publicará tu historia. Me ha ofrecido cambiar los nombres y las circunstancias específicas para que nadie te reconozca. También me ha prometido insertar esta carta en algún lugar del libro.

Hace casi cuatro años que nos reunimos en aquel restaurante.

Supe de buena fuente que tomaste una terapia completa que, aunque Fausto no lo hizo, los ejercicios del Contraveneno le ayudaron a desintoxicarse; supe también que tus tres hijos viven contigo, que las gemelas han vuelto a tener seguridad y alegría y que Román se ha adaptado por completo a sus prótesis. Sin embargo, te perdí la pista cuando Fausto y tú vendieron su antigua casa, se repartieron el dinero y te mudaste a otra ciudad.

Por mi parte, sigo dando conferencias. Tengo la esperanza secreta de que alguna vez nos encontremos de nuevo.

¿Sabes? Creo que pudimos haber sido buenas amigas. Rezo mucho por ti y por tus hijos.

Ahora debes tener nuevos proyectos.

Nunca te des por vencida.

Caíste, pero seguramente estás creciendo. Sin duda te fue difícil enfrentar el trauma de algo que nunca pensaste que te ocurriría... sentir tu autoestima por los suelos y vivir el periodo de ira hasta llegar a las cenizas del perdón.

Aunque seas divorciada tienes una vida tan legítima y valiosa como la de cualquier persona. Eres un ser humano con los mismos derechos que los más virtuosos. Nunca pienses que posees una familia a medias. Tu familia se ha separado, pero está completa.

No alimentes más el dolor o el rencor. Hoy tienes muchas cosas que hacer, mucho que vivir, mucho que crecer y disfrutar. No es fácil llevar la dirección de hijos sin padre... El sostenimiento con dignidad de un estado civil discriminado, pero es un reto interesante, un reto hermoso al que debes enfrentarte con la cara en alto.

Jamás abandones tus ideales.

Aprende a comprometerte, a echar raíces. Las personas, hoy en día, eluden todo compromiso. No lo hagas. Existe una obsesión por tener dinero sin trabajar, sexo sin responsabilidad, amor sin juramento, hogares sin entrega. Eso es lo que tiene al mundo de cabeza. Por ello existen tantos robos, secuestros, vandalismo, traiciones, abortos, rupturas...

Atrévete a ser una mujer distinta. Aunque el entorno parezca hostil, no te limites a sobrevivir; deja una huella de amor y servicio a tu paso.

Mi padre trabajó en una fundidora de metal y decía: Cuando me encuentro en medio de los hornos viendo peligrar mi vida me digo que debo ser yo quien controle a este monstruo. Si el metal es flexible yo debo ser aún más flexible para dominarlo... ¡Esto es una guerra de temperamentos y los crisoles de hierro fundido me enseñan que sólo se gana cuando se toma en las manos el problema, se aguanta el calor y se sigue trabajando!

Lo reitero: nunca te des por vencida. Tú eres una mujer fuerte. Sé que saldrás adelante y serás intensamente feliz.

Quizá Fausto también lo logre. Hace poco lo vi en una entrevista de televisión. Declaró que ha iniciado una nueva etapa artística y que su trabajo le impide formar otro hogar. Sin embargo, el reportero hizo alusión a cierta actriz con la que se le ha visto salir últimamente.

Patricia jamás se esperó lo que (la verdad), era de esperarse:

Fausto la abandonó para siempre.

Ahora ella ha pasado a engrosar las interminables filas de madres solas.

Los hombres en la fase de "tormenta", suelen buscar escapes amorosos fáciles, pero cuando las aguas toman su nivel, observan el horizonte y organizan sus travesías en otros mares.

De ser la madrastra de Patricia, pasé a ser su amiga y después su consejera. Otro terapeuta me ha ayudado con sus catarsis, pero la rehabilitación de mi hijastra nos ha costado más trabajo de lo que puedes imaginarte. Sigue sufriendo por su amor idealizado.

He visto funcionar de maravilla el Contraveneno en cientos de personas, mas vivo con la espina clavada de que Patricia no ha querido tomárselo. Ni siquiera la responsabilidad de luchar por su hijo le ha regresado la alegría al rostro. Quizá porque vive en la secreta frustración de que Fausto cumple cabalmente con Román, Sandy y Sindi, pero se ha negado a reconocer la paternidad de su niño.

Son cosas que pasan con frecuencia.

Patricia, tarde o temprano, debe asumir las consecuencias de sus errores.

Por lo pronto, cuando se siente muy mal, le ayudo con gusto a cuidar al pequeño Fausto. Es un niño travieso y cariñoso.

La vida da muchas vueltas. Por eso hay que disfrutar intensamente cada día. Nunca lo olvides.

Te deseo siempre lo mejor.

Que Dios te proteja y bendiga.

Atte.
Blanca Bermúdez

BIBLIOGRAFÍA

Bruce Fisher. *Cómo rehacer tu vida cuando una relación termina*, Pax, Méx., 1991.

John Gray. *Marte y Venus comienza de nuevo*, Grijalbo, Barcelona., 1994.

Robert G. Barnes Jr. *Padres Solteros*, Unilit, Miami, Fl., E.U.A., 1991.

Rosaura Rodríguez. *Bienvenida al club*, Diana, Mex., 1994.

Patricia Sánchez Urzúa *¡Madre Soltera!*, Librería Parroquíal de Guadalajara, 1991.

Allan J. Alder y Christian Archembault *Una nueva vida*, Selector, Méx., 1991.

Neily Rojas, Isa Fonnegra y Santa Pérez *Separación de las parejas*, Planeta, Colombia, 1995.

Esta obra se terminó de imprimir en marzo del 2012

en Quad/Graphics Querétaro, S.A. de C.V.

Lote 37 S/N Fracc. Industrial La Cruz, Querétaro, C.P. 76240

ESD 12e-36-3-M-7,5-03-12